Sprachfreunde 4

Sprechen ▪ Schreiben ▪ Spielen

Erarbeitet von
Nina Bartoniček
Helen Fürniß
Beatrice Kasten
Christine Szelenko
Brigitte Wegener

Illustriert von
Barbara Schumann
Uta Bettzieche
Karl-Heinz Wieland
Hans Wunderlich

Sprachfreunde 4

Sprechen ▪ Schreiben ▪ Spielen

Ein Sprachbuch
für die Grundschule

Volk und Wissen Verlag

Wir danken
Evelyn Rebbin, Marianne Heidrich, Heidemarie Dammenhayn,
Gerda Bandilla, Antje Delonge, Sabine Kierzek
für die Beratung und Begutachtung.

Redaktion: Margit Engler, Gerhild Schenk

www.vwv.de

1. Auflage, 3. Druck 2006 / 06

Alle Drucke dieser Auflage sind inhaltlich unverändert
und können im Unterricht nebeneinander verwendet werden.

Druck: Stürtz GmbH, Würzburg

ISBN-13: 978-3-06-103415-3
ISBN-10: 3-06-103415-3

Inhalt gedruckt auf säurefreiem Papier aus nachhaltiger Forstwirtschaft.

Inhalt

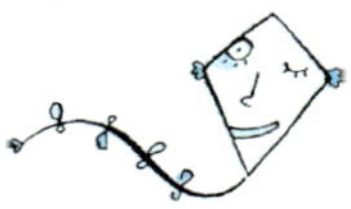

In der Schule

Wir brauchen keine Steine
zu unserm Eigenbau.
Die Wände sind aus Kuchen,
der Anstrich aus Kakao.
Die Fensterläden sind hier
aus Zuckerplätzchen fein.
Das wird die schönste Schule
in unserm Städtchen sein.

Wie stellst du dir deine Traumschule vor?
Male und sprich dazu!

Nach diesem Modell
wurde eine Schule gebaut.
Sie steht in Wittenberg.

Miteinander leben und lernen

1 Auch in einer Traumschule muss man lernen können.
Das gelingt nur, wenn bestimmte Voraussetzungen da sind.
Woran denkt ihr dabei? Sprecht darüber!

2 Sarah und Ali
haben ihre Vorschläge
gezeichnet:

Was würdet ihr in eurer Klasse
gern verändern?
Malt es auf und sprecht darüber!

3 Damit sich an der Schule alle wohl fühlen, muss jeder etwas dazu beitragen.

4 Nun werden Regeln für das
Gemeinschaftsleben aufgestellt:

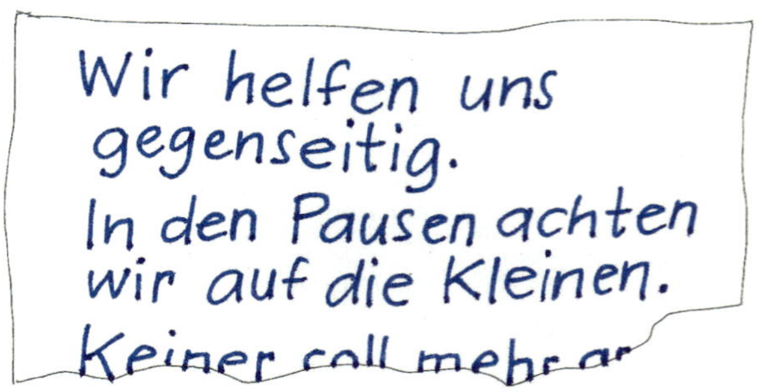

Überlegt, was ihr an eurer Schule
verändern wollt!
Schreibt eure Regeln auf!

5 Was sagst du in Zukunft, wenn du siehst, dass die Regeln
nicht eingehalten werden? Schreibe es auf: *Pass doch auf die Kleine auf!* …

Erinnere dich:

Pass doch auf die Kleine auf! ist ein Aufforderungssatz.
[!] Aufforderungssatz [?] Fragesatz [.] Aussagesatz

6 In manchen Bundesländern hört die Grundschule nach der vierten Klasse auf, in anderen erst nach der sechsten Klasse.

Lest die Meinungen und sprecht darüber!

7 **a)** Sammelt eure Fragen zu weiterführenden Schulen oder zu Veränderungen in der 5. Klasse!

b) Schreibt eure Fragen auf Zettel:

Gibt es viele Hausaufgaben?

Gibt es dort auch Arbeitsgemeinschaften?

Welche neuen Fächer bekommen wir?

Wie viele Kinder sind in einer Klasse?

8 **a)** Vergleicht eure Fragen! Sortiert alle aus, die mehrmals gestellt wurden!

b) Stellt nun einen Fragebogen für ein Interview zusammen!

Ihr habt mehrere Möglichkeiten Antworten zu bekommen:

- Fragt ältere Schüler!
- Geht in eine andere Schule!
- Ladet ältere Schüler zu euch ein!

Früher war alles anders

1 Peter will ins Schulmuseum gehen. Er liest in einem Museumsführer:

Das Schuljahr begann nach Ostern.
In eine Klasse gingen oft 50 Kinder mit unterschiedlichem Alter.
Da es nur ein Klassenzimmer gab, kümmerte sich der Lehrer im Wechsel um die verschiedenen Jahrgänge.
Wenn der Lehrer ins Zimmer trat, standen alle auf und zeigten ihre sauberen Hände vor. Unartige Kinder schlug der Lehrer mit dem Rohrstock, oder sie mussten in der Ecke stehen.
Am Anfang schrieben die Schüler auf Schiefertafeln.

Lest den Text und sprecht darüber, wie es früher war!

Erkunde, wie es in der Schulzeit deiner Großeltern war!
Schreibe dazu einige Sätze im Präteritum auf!

2 **a)** Schreibe fünf Unterschiede auf!
Verwende dazu den Text aus Aufgabe 1:

Früher **war** es so:	Heute **ist** es so:
Das Schuljahr begann nach Ostern. In eine Klasse …	Das Schuljahr beginnt nach den Sommerferien. …

b) Schreibe die Verbformen aus deinen Sätzen nun so auf:

Präteritum	*Präsens*	*Grundform*
es begann *sie gingen*	*es beginnt* …	*beginnen* …

Erinnere dich:
Wenn wir über etwas **Vergangenes** schreiben,
verwenden wir das **Präteritum**: *Das Schuljahr* ***begann*** *nach Ostern.*

Informationen aus Texten entnehmen und einholen, Verbformen: Infinitiv, Präsens, Präteritum

3 Wieder zu Hause, erzählt Peter vom Museumsbesuch:
„Der Museumsführer hat uns alles gezeigt.
Zuerst haben wir das alte Schulzimmer besichtigt.
Dort stehen noch die alten Holzbänke.
Wir haben sie gleich ausprobiert.
Ich habe gestaunt, wie eng die Bänke sind.
Habt ihr etwa auch noch in diesen Bänken gesessen?"

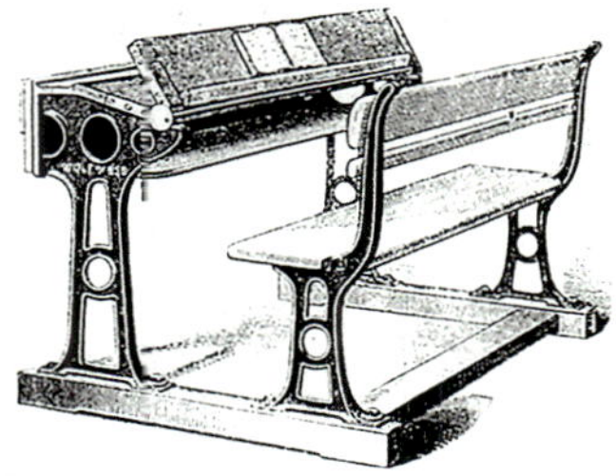

Schreibe die farbigen Verbformen so auf:

So **ist** es **gewesen**:	So **ist** es:
er hat gezeigt	*er zeigt*
wir haben …	…

haben	ich habe du hast er hat wir haben ihr habt sie haben	**sein**	ich bin du bist er ist wir sind ihr seid sie sind

4 Peter erzählt weiter. Setze die Verbformen richtig ein:
„Später sind wir dann in die Wohnung des Lehrers gegangen.
Er (haben) im gleichen Haus (wohnen).
Manche Schüler (haben) ihn dort auch am Nachmittag (besuchen).
Der Lehrer (haben) ihnen dann Nachhilfe (geben).
Das Klassenfoto an der Wand (haben) ich mir genau (anschauen).
Die Jungen (haben) kurze Hosen (tragen) und die Mädchen Kleider.
Im Winter (sein) die armen Kinder oft in Holzpantoffeln (gehen)."

Wenn wir über etwas **Vergangenes** mündlich erzählen oder berichten, verwenden wir oft das **Perfekt**. Das Perfekt ist eine **Zeitform** des Verbs. Es besteht aus **zwei Teilen**. So wird es gebildet:
*Im Schulmuseum **haben** wir viel Neues **gelernt**.*
*Wir **sind** in seine Wohnung **gegangen**.*

5 Lege eine Tabelle an und ergänze die fehlenden Formen:

Präsens	Präteritum	Perfekt
ich sage	ich sagte	ich habe gesagt
du denkst	du dachtest	…
er nimmt	…	…
…	sie gingen	… …
…	ihr saßt	…

Erkundigt euch nach Verben im Präteritum, die kaum noch gesprochen werden!

Mit dem Wörterbuch arbeiten

1 Wie heißt
- das letzte Wort im Wörterbuch?
- das erste Wort im Wörterbuch?
- das dritte Nomen mit **D**?
- das vorletzte Verb mit **r**?
- das zehnte Wort mit **K**?
- das zweite Adjektiv mit **f**?

2 **a)** Schreibe Wörter, die mit deinem Lieblingsbuchstaben beginnen:

Nomen	*Verben*	*Adjektive*
Affe	*arbeiten*	*alt*

b) So kannst du mit deinen Wörtern üben:
- Schreibe die Mehrzahl (den Plural) der Nomen!
- Setze die Verben in die Zeitformen Präsens, Präteritum, Perfekt!
- Schreibe die Verben als Aufforderung: *Arbeite! Arbeitet!*
- Steigere die Adjektive!
- Bilde aus einer Wortreihe einen lustigen Satz!

3 Arbeite mit der Wortleiste von Seite 14!
Wähle Wörter aus und suche sie im Wörterbuch!
Schreibe so:
achten: Seite 91, 1. Spalte

4 Fische Fischers Fischfässern fischt frische Fritz in vierzig

zehn zehn Zentner Ziegen zogen Zoo Zucker zum

Abend Affen alle alte am Apfelstücke aßen

Diese Wortreihen sind nach dem Alphabet geordnet.
Bilde daraus Zungenbrecher:
Zehn Ziegen zogen …

5 Suche fünf Wörter im Wörterverzeichnis,
- die auf **-en** enden,
- die mit **Sch/sch** beginnen,
- die vier Buchstaben haben,
- die nur zwei Buchstaben haben,
- die auf **-ch** enden.

6 Spielt das Spiel **Stadt, Name, Land**! Erklärt es vorher!

Stadt	Name	Land	Tier	Beruf	Pflanze
Berlin	**B**ianca	**B**elgien	**B**är	**B**äcker	**B**uche
Thale	**T**ina	**T**...	...	...	...

7 Sucht im Wörterbuch von **A** bis **K**:
- Tiernamen,
- Wörter mit drei Buchstaben,
- ein Wort mit möglichst vielen Buchstaben.

8 Stehen die Namen der Bilder im Wörterbuch?
Schreibe die Wörter und die Seitenzahlen auf!

  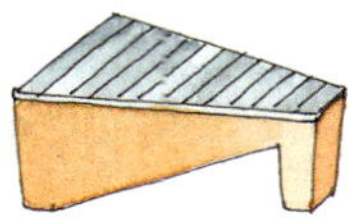 

9 Viele Wörter beginnen mit *an-, aus-, auf-, nach-, ein-* .
Wähle einen Wortbaustein aus, bilde Wörter und suche sie im Wörterbuch!

10 Suche folgende Wörter im Wörterbuch und erkläre sie:
der Kai, trampen, happy, der Smog, elastisch, die Skala, das Spalier, rar

11 Manche Wörter klingen ähnlich oder gleich, meinen aber etwas anderes: *das Lied/das Lid, die Miene/die Mine, wieder/wider*
Verwende die Wörter richtig in Sätzen!

12 **Wörter-Bingo**
- Ein Kind oder der Lehrer diktiert fünfzehn Wörter aus dem Wörterbuch. Die Kinder schreiben neun Wörter ihrer Wahl davon in ihren Spielplan.
- Die fünfzehn Wörter werden nochmals durcheinander vorgelesen.
- Die Kinder kreuzen davon die Wörter an, die auf ihrem Spielplan stehen. Wer drei Kreuze in einer Reihe hat, ruft „Bingo!“.
- Dann schlagen sie ihre Wörter im Wörterbuch nach und schreiben die Seite dazu.

Übung macht den Meister

Wörter mit ch und sch

1 **sch** oder **ch**? Prüfe mit Wortleiste und Wörterbuch:

der Unterri __ t, pünktli __ kommen,
gut zei __ nen, ordentli __ ,
die Trinkfla __ e, das Mäd __ en,
unters Bett krie __ en, die Papp __ a __ tel,
Katzen __ lei __ en, die deutsche Spra __ e,
zur Früh __ i __ t gehen, beim __ a __ spiel gewinnen,
eine spannende Ge __ i __ te erzählen,
einen __ reckli __ en Fund machen

Ich wa __ e mich täglich.
Wenn der Wecker klingelt, wa __ e ich auf.

Der Pfarrer ist in der Kir __ e.
Am Baum hängt eine Kir __ e.

Im Meer kann man gut tau __ en.
Ich tau __ e gern Briefmarken.

Die Blätter rau __ en im Wind.
Der Schornstein rau __ t.

2 Bilde möglichst viele Wörter mit den Wortstämmen *zeich, acht, richt, reich*!

zeich-: zeichnen, Verzeichnis, abzeichnen, Zeichnung

3 Ordne die Wörter der Wortleiste so:

Verben	*Nomen*	*Adjektive*
zeichnen	*der Unterricht*	*ordentlich*

4 Reime weiter:

sprechen	streichen	das Fach	die Fächer
br…	r…	das D…	die Dä…
st…	w…	der Kr…	der R…

acht
achten
besichtigen
betrachten
einfach
das Fach
der Fächer
die Fläche
herrlich
hoffentlich
der Nachbar
ordentlich
pünktlich
rasch
sprechen
streichen
strich
überraschen
der Unterricht
unterscheiden
der Unterschied
vielleicht
wünschen

5 *der Herr, froh, der Punkt, die Pein, das Ende,*
der Hof, der Grund, rein, ziemen, der Hass
Bilde abgeleitete Wörter auf **-lich**! Schreibe so: *herrlich*, …

ziemen wird heute nur noch selten verwendet.
Versuche die Wortbedeutungen zu erklären:

Zum Üben

Der Ausflug
Heute ist kein Unterricht. Die Schüler wollen das Museum besichtigen. Pünktlich um acht Uhr treffen sie sich am Bahnhof. Jeder schaut, ob sein Nachbar da ist.
Bei herrlichem Sonnenschein fahren sie los. Hoffentlich wird es ein schöner Tag, denken die Mädchen und Jungen. Erst um sechs Uhr abends werden sie wieder daheim sein.

Außer **ch** und **sch** sind in dem Text noch andere schwierige Wörter:
- Wörter mit **h**,
- Wörter mit **doppeltem Mitlaut** (Konsonanten).

Wie kannst du diese Wörter üben?

Für meine Freunde

Gemeinsame Vorhaben im 4. Schuljahr planen

Die Kinder der Klasse 4a schreiben ihre Vorhaben in einen Kalender:

September	Oktober	November	Dezember
Anlauttabelle basteln	Halloween, Aquarium	Lesenacht	Weihnachtsfeier für ...
Januar	Februar	März	April
Winterspiele im Freien	Fasching	Neue Schule (Bewerbung)	...

☆ Legt rechtzeitig fest, wer wofür verantwortlich ist!

In einer Traumschule unternehmen die Schüler verschiedener Klassen etwas miteinander. Die Klasse 4a hat Folgendes geplant:

- Wir basteln für die Erstklässler eine Anlauttabelle zum Anfassen.
- Unser Aquarium richten wir zusammen mit den Zweitklässlern ein, damit sie es im nächsten Jahr übernehmen können.

☆ Was plant ihr zusammen mit anderen Klassen?

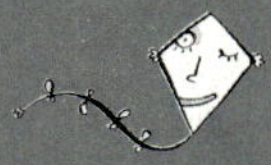

Im Herbst

Es kommt eine Zeit,
da fragen wir uns:
Was soll denn nur werden?

Die Luft schmeckt
so bitter.

Die Vögel sind
über alle Berge.

Der Nebel macht
die Häuser bleich.

Die kleinen Tiere gehen
unter der Erde spazieren.

Aufs Dach trommeln
Kastanien.

Wir müssen ins Haus zurück,
da hält uns der Regen gefangen.

Elisabeth Borchers

Der Herbst verändert die Natur –
Bild und Gedicht zeigen es.
Sprich über die Veränderungen!

Übung macht den Meister

Wörter mit doppeltem Mitlaut (Konsonanten)

1 Beobachtungen im Herbst
Herrlich bunt gefärbte Blätter fallen von den Bäumen. Du gehst durch das raschelnde Laub wie auf einem Teppich. Du kannst Blätter sammeln, pressen und in eine Mappe legen. Durch die Wolken dringt mattes Sonnenlicht. Die Schatten werden länger. Die Dämmerung beginnt früher. Manche Tiere bekommen ein dichtes Winterfell.

a) Suche aus dem Text alle Wörter mit doppeltem Mitlaut (Konsonanten) heraus!
Ordne sie nach Wortarten:

Verben	Adjektive	Nomen
fallen	herrlich	die Blätter
…	…	…

b) Wann werden doppelte Mitlaute (Konsonanten) geschrieben?

2 Reime weiter:

fallen	beginnen	trennen
knallen	r…	r…
h…	gew…	n…
w…	sich bes…	k…

3 **a)** Schreibe ab und ergänze die fehlenden Formen:

Präsens	Präteritum	Perfekt
er …	er …	er hat gespannt
sie fällt	sie …	sie …
es beginnt	es …	es hat begonnen
es …	es klapperte	es …

b) Unterstreiche die Wortstämme! Was stellst du fest?

beginnen
bitter
die Blätter
die Dämmerung
sich erinnern
fallen
das Geschirr
herrlich
klappern
können
die Mappe
matt
das Metall
der Schatten
spannen
stimmen
der Teppich
trennen
die Welle
das Wetter

4 **a)** Bilde aus den Wortbausteinen zusammengesetzte Verben:

b) Verwende einige dieser Verben in Sätzen!
Unterstreiche die Verben:
Im Herbst fallen die Blätter von den Bäumen ab.

5 **a)** Suche zu folgenden Verben verwandte Nomen:
trennen, fallen, hoffen, erinnern,
beginnen, knallen, spannen, stimmen
Schreibe so: *trennen – die Trennung*
fallen – der Fall

b) Verwende die Nomen mit **-ung** in kurzen Sätzen!

6 Finde abgeleitete Adjektive mit den Nachsilben **-ig, -lich, -isch** und ergänze die Wortgruppen:

bitter	–	bitterlich weinen
klappern	–	das ... Fahrrad
das Metall	–	der ... Glanz
der Schatten	–	ein ... Platz
die Welle	–	das ... Haar

Erinnere dich:
Adjektive können von Verben oder Nomen abgeleitet werden.
An den Wortstamm werden die Nachsilben **-ig**, **-lich** oder **-isch** angehängt.

7 Bilde zusammengesetzte Nomen: *die Eiswaffel, ...*

Eis Waffel Wetter Blätter Hütte Mappe sammeln Hexe Laub Tuch Teppich Wasser Welle Geschirr

Zum Üben mit der Wortleiste	• Wörter nach Wortarten ordnen • Wortfamilien finden • Wörter in die Wörterkiste einordnen • Reimwörter finden • sich gegenseitig Wörter diktieren • ein Würfel- oder Schleichdiktat ausdenken • Wörter nach Silben trennen • Wörter aussuchen und eine Geschichte schreiben

Für meine Freunde

Tipps für ein Gruselfest

In den USA und auch bei uns wird in der Nacht vom 31. Oktober zum 1. November ein gruseliges Herbstfest gefeiert. Du erfährst den Namen des Festes, wenn du die Buchstaben vom Kürbis richtig zusammensetzt.

Gruselgetränke:

Roter Fliegensaft
Saft von Kirschen in einen durchsichtigen Behälter oder in Flaschen füllen. Das Etikett beschriften.

Gelber Glibbersaft
2 bis 3 Bananen schälen, im Mixer zerkleinern, 1 l Milch dazumixen, mit Honig süßen. Alles in einen durchsichtigen Behälter füllen und beschriften.

Monsterpost

Dazu brauchst du: 1 Küchenmesser, 1 Kartoffel, 1 Holzspieß und Zitronensaft.
So geht es:

Von der Kartoffel beide Enden abschneiden.

Die Kartoffel an einem Ende aushöhlen.

Zitronensaft einfüllen.

Fertig ist das Monstertintenfass!

Das Holzstäbchen eintauchen und die Hexenbotschaft schreiben.

Hexensprüche

Kannst du auch welche erfinden?

Gespensterhaus und Fledermaus,
komm als … heraus.

Vampirspuk und Zaubernacht,
aus dir wird ein … gemacht.

Krötenspeck und Rattenbein,
du sollst eine (Spinne, Kröte, …) sein.

Die Spieler sitzen im Kreis. Eine Gruselgestalt geht herum, berührt einzelne Kinder und sagt zu jedem einen Hexenspruch. Die Kinder verwandeln sich in das Tier oder die Gruselgestalt und bewegen sich so im Innenkreis.

Meine Wünsche und Träume

Ich ging allein
im Mondenschein,
da hab ich ihn entdeckt,
den Stein, den Stein,
den Zauberstein,
der Träume in mir weckt.

Nach Roswitha Fröhlich

Das Bild hat der Maler Caspar David Friedrich gemalt.
Es heißt „Mondaufgang am Meer“.
Wovon könnten die drei am Meeresstrand träumen?
Und wovon träumst du?

Das wünsche ich mir

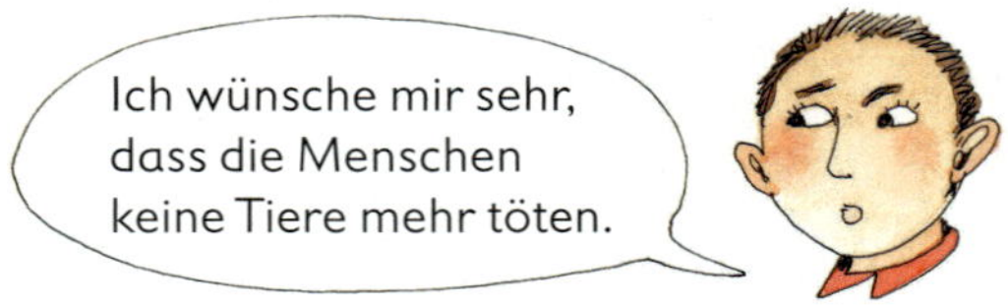

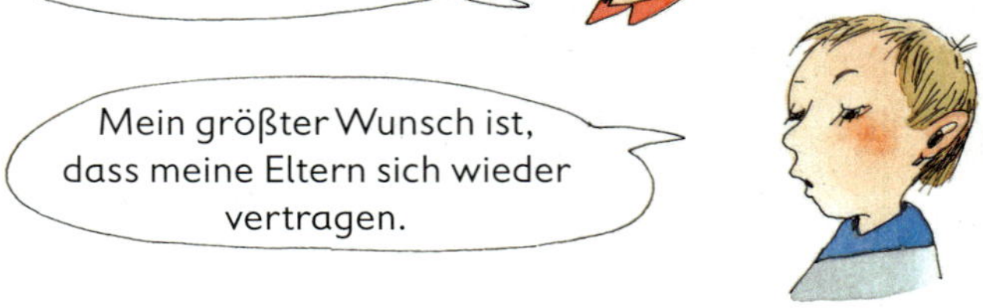

1 **a)** Lest die Wünsche der Kinder! Was meint ihr dazu?

b) Schreibe deine Wünsche auf!
Die Satzanfänge helfen dir dabei.

Ach, wäre ich doch …
Ich möchte gern …
Könnte ich doch …
Ich wünsche mir …
Mein größter Wunsch …
Ich träume davon, …
Was gäbe ich darum …

2 Es gibt Märchen-Wünsche und Wünsche, die in Erfüllung gehen können. In Märchen gehen die Wünsche der Guten meist in Erfüllung. Überprüfe diese Behauptung an den folgenden Märchen-Wünschen:

Bäumchen, rüttel dich
und schüttel dich,
wirf Gold und Silber
über mich!

Hätt ich ein Kind
so weiß wie Schnee,
so rot wie Blut und
so schwarz wie Ebenholz.

3 **a)** Lies noch einmal deine eigenen Wünsche und sage, ob sie Wirklichkeit werden können!

b) Schreibe auf, <u>wie es sein wird</u>, wenn dein Wunsch in Erfüllung geht!

Wenn ich reich bin, werde ich ein richtiges Schloss nur für mich und meine Freunde kaufen. Mama wird ein schickes Auto bekommen. Wenn dann noch Geld übrig bleibt, werde ich es armen Kindern geben …

Wenn meine Eltern sich wieder vertragen, wird Papa wieder bei uns einziehen. Wir werden dann wieder eine richtige Familie sein …

Wenn die Zähne keine Löcher mehr kriegen, werde ich zuerst die Zahnbürste wegschmeißen. Schon zum Frühstück wird es Gummibärchen mit Limonade geben …

Fantastische und realistische Wünsche formulieren und unterscheiden, über Wünsche im Märchen sprechen; das Futur anbahnen

Der Traum von einer besseren Welt

Von jeher träumten die Menschen von einer besseren Welt. Manche von ihnen haben sich sehr eingesetzt, damit dieser Traum Wirklichkeit wird. Einer von ihnen war Herrmann Gmeiner.
Er lebte bis 1986. Überall auf der Welt gründete er SOS-Kinderdörfer, um elternlosen oder vernachlässigten Kindern eine Familie zu geben.
Weltweit gibt es 115 Kinderdörfer in 44 Ländern. Allein in Deutschland gibt es 14 Kinderdörfer mit mehr als 1000 Kindern.

Herrmann Gmeiner

Vier bis sechs Kinder leben in einer Kinderdorffamilie gemeinsam mit einer Kinderdorfmutter in einem Haus.

1 Was wisst ihr über SOS-Kinderdörfer? Tragt Informationen zusammen!

www.sos-kinderdorf.de

2 Wie hat sich Herrmann Gmeiner das Leben der Kinder in einem SOS-Kinderdorf vorgestellt?
Die Kinder werden in einer Familie leben.
Sie werden keinen Hunger mehr leiden.

Schreibe weitere Sätze und verwende dazu einige der nebenstehenden Wörter!

der Frieden
der Krieg
der Hunger
die Angst
die Freude
die Familie
die Geschwister
die Geborgenheit
die Gemeinschaft
die Kindheit
glücklich
lernen
spielen

Wenn wir über **Zukünftiges** sprechen oder schreiben, verwenden wir häufig das **Futur**.
Das Futur ist eine **Zeitform** des Verbs.
Es besteht aus **zwei Teilen**. So wird es gebildet:
*Die Kinder **werden** in einer Familie **leben**.*

werden

ich werde	wir werden
du wirst	ihr werdet
er wird	sie werden

3 Überprüfe, ob deine Sätze aus Aufgabe 3b auf Seite 26 im Futur stehen! Kannst du sie im Futur sagen?

Wünsche in der Klasse

In der Klasse 4a hängt ein Briefkasten.
Dort kann jeder kleine Briefe mit seinen Wünschen einstecken.
Einmal in der Woche wird der Kasten geleert.
Die Briefe werden im Sitzkreis vorgelesen, und es wird darüber gesprochen.

Heute finden die Kinder folgende Briefe:

Liebe Frau Bach,
wir würden gern häufiger Gruppenarbeit machen, weil uns das so viel Spaß macht.
Lisa und Julia

An alle Mädchen!
Seid gefälligst nicht so zickig!

Liebe Kinder,
ich wünsche mir, dass nächste Woche einmal wirklich alle ihre Hausaufgaben machen.
Wir kommen sonst nicht weiter.
Eure Frau Bach

Liebe Jungen der 4a,
könntet ihr uns bitte unseren Basketball zurückgeben? Wir hatten ihn euch eigentlich nur für einige Tage geliehen.
Eure Nachbarklasse 4b

Liebe Klasse 4a,
vielen Dank für eure Hilfe beim Müllsammeln.
Der Hausmeister
Herr Müller

MARTIN,
TOTAL BESCHEUERT,
DASS DU DEINE SACHEN IMMER AUF MEINER TISCHSEITE RUMFLIEGEN LÄSST.
Marvin

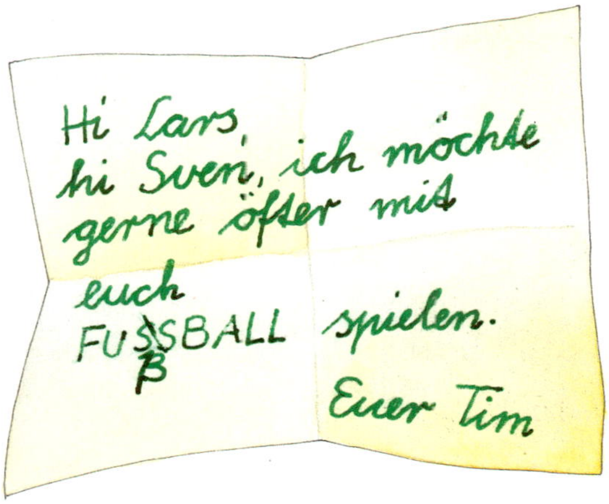

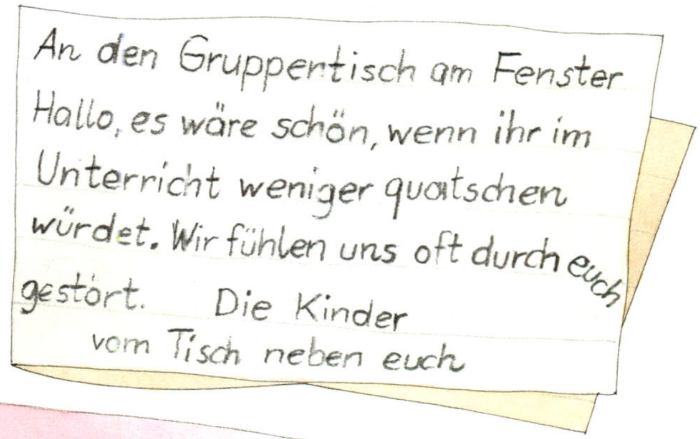

1 Sprecht über die Briefe:
- Worum geht es den Absendern?
- Welche Briefe hättet ihr gerne bekommen, welche nicht? Begründet!
- Was soll mit dem Brief an Anna geschehen?

2 **a)** Schreibe einen Antwortbrief an Marvin und an die Nachbarklasse!

b) Lest euch dann die Antworten gegenseitig vor und sprecht darüber, welche ihr passend findet!

3
- Wen möchtest du um etwas bitten?
- Bei wem bedankst du dich?
- Welche Wünsche hast du?

Schreibe drei Briefe für den Klassenbriefkasten!
Die Satzanfänge helfen dir dabei:

Ich wünsche mir, dass ...
Es wäre schön, wenn ...
Ich möchte mich bei dir bedanken, weil ...
Vielen Dank für ...
Danke, dass ...
Ich möchte, dass ...
Ich stelle es mir schön vor, wenn ...
Ich bitte dich ...
Könntet ihr vielleicht ...

Übung macht den Meister

Umlaute und Zwielaute

der Ärger
das Beispiel
das Gebäude
das Geschäft
das Getreide
das Glück
der Lärm
schräg
tauschen
teuer
der Traum
übrig
versäumen

1 a) Ergänze in den Sprichwörtern **Glück/das Glück**!
Sprecht darüber, was die Sprichwörter aussagen!

... und Glas, wie leicht bricht das!	(1. Fall/Nominativ)
Jeder ist seines **...** Schmied.	(... Fall)
Man muss **...** **...** die Hand reichen.	(... Fall)
Man kann **...** **...** nicht festhalten.	(... Fall)

b) Ordne die Fälle zu! Prüfe mit Hilfe der Tabelle auf S. 134!

2 **-traum-** oder **-träum-** ?
Ergänze und unterstreiche die Wortstämme:
sich einen Wunsch... erfüllen, schlecht ...en,
ich habe ge...t, ein ver...ter Ort, eine ...hafte Reise,
ein böser Alb..., ...erisch

3 Welche Wörter der Wortleiste sind gemeint? Ergänze:

nicht billig, sondern ...	ein anderes Wort für Krach
nicht gerade, sondern ...	der Oberbegriff für Roggen, Gerste, Hafer, Weizen
im ... kannst du einkaufen	
ein Stück Kuchen bleibt ...	das Gegenteil von ‚Pech haben'

4 Schreibe Reimwörter zu *rauchen, tauschen, räumen*!

5 Aus **ä** wird **a**, aus **äu** wird **au**
a) Suche verwandte Wörter zu *räumen, quälen, nähen, schämen, die Fläche, die Nähe, ergänzen*! Schreibe so: *räumen – der Raum, ...*

6 Welche Bausteine passen zu **weisen**?
Erklärt die Bedeutung der Verben mündlich!

an | be- | hin | zer- | auf | ver- | weisen | aus | ab | zurück

7 *der Geiz, der Schaden, die Trauer*
der Hof, die Gefahr, der Haufen
Leite von diesen Wörtern Adjektive mit den Nachsilben **-ig** oder **-lich** ab!
Schreibe so: *der Geiz, geizig, geizige Menschen*

Wörter mit aa, ee, oo

das Beet
das Boot
der Klee
das Meer
das Moos
die Saat
der Staat
der Teer
die Waage

1 Es war einmal ein **See**, der war immer voll **Schnee**,
darum nannten ihn alle Leute nur **Schnees…**
Um diesen **Schneesee** wuchs **Klee**, der **Schneeseekl…**,
und darin äste ein **Reh**, das **Schneeseekleer…**, und dieses
Schneeseekleereh wurde von einer **Fee** geliebt,
der anmutigen **Schneeseekleerehf…**

Franz Fühmann

a) Ergänze die zusammengesetzten Nomen!

b) Schreibe auch alle einfachen Nomen mit **ee** auf: *der See, …*

2 Schreibe die Nomen aus der Wortleiste untereinander und ergänze die Mehrzahl (den Plural)!

3 Gesucht werden Wörter mit **aa**:
ausgesäte Samen: *die Saat*
ein großer Raum: *der …*
ein langer dünner Fisch: *der …*
prüft das Gewicht: *die …*
sie sind zu zweit: *das …*

4 Bilde mit **Beet** zusammengesetzte Nomen:

Beet: Blumen, Salat, hoch, früh, Gemüse

5 Aus **aa** wird manchmal **ä**
Ergänze die Wörter richtig und kennzeichne die Selbstlaute (Vokale):
der Saal – die Säle, das H…r – die H…rchen, das P…r – die P…rchen

Zum Üben **äu** oder **eu**? Überprüfe mit verwandten Wörtern:
Aus aben**teu**erlichen Tr**äu**men
Ein … gige … len h … len in f … chten Gem … ern. Ein
fr … ndliches Burgfr … lein fr … t sich über die Blumen-
str … ße. N … gierige R … ber str … en Zauberkr … ter und
Schlangenh … te ins l … chtende F … er. Aus einem
alten Geb … de dringen schaurige Ger … sche.
Was hat das zu bed … ten?

Für meine Freunde

Ein Buch für meine Wünsche und Träume: Das Tagebuch

Hast du schon einmal daran gedacht, dich einem Tagebuch anzuvertrauen?
Hier kannst du alles loswerden, was dich bedrückt.
Aber auch schöne Erlebnisse und Gedanken finden darin Platz.
Was und wie du in dein Tagebuch schreibst, geht nur dich etwas an.
Suche dir daher einen sicheren Aufbewahrungsort!

☆ Du kannst dir dein Tagebuch auch selbst basteln:

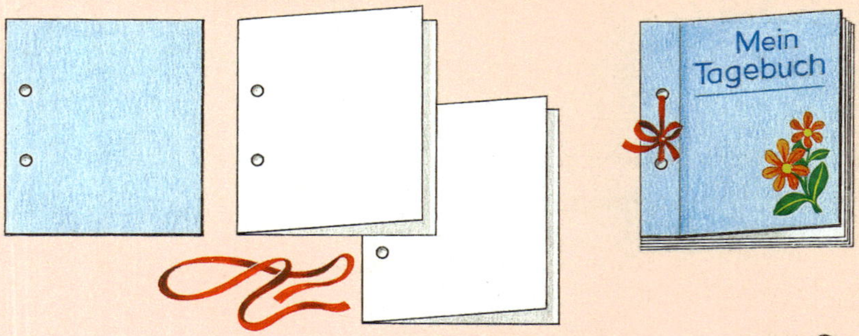

☆ Du kannst zum Beispiel aufschreiben,

- was du an einem Tage erlebt hast,
- was dir besonderen Kummer bereitet,
- was dir große Freude macht,
- was dir gerade durch den Kopf geht,
- was du beobachtet oder gedacht hast

und vielleicht Fotos, Ansichtskarten, Eintrittskarten, … dazukleben.

Es gibt auch von Schriftstellern erfundene Tagebücher.
Die folgenden Ausschnitte stammen aus Tagebuch-Romanen von Christine Nöstlinger und Monika Pelz:

19. 11.
Morgen habe ich Geburtstag.
Gut hundertmal habe ich in den letzten Tagen erwähnt, dass ich sehr gern eine Gitarre haben würde. Bin gespannt, ob das auf fruchtbaren Boden gefallen ist. Es muss ja keine sehr teure sein.

Freitag, 23. September
I LOVE HIM SO!
Heute hat Christian mir unheimlich lieb ZUGELÄCHELT!
Hab ich schon beschrieben, was er für Augen hat?
Sie sind GRÜN mit BRAUNEN PÜNKTCHEN! …

Miteinander leben

Du bist anders als ich,
ich bin anders als du.
Gehen wir auf-
einander zu,
schauen uns an,
erzählen uns dann,
was du gut kannst,
was ich nicht kann,
was ich so treibe,
was du machst,
worüber du weinst,
worüber du lachst, …
Und plötzlich erkennen wir
– waren wir blind? –,
dass wir innen uns
äußerst ähnlich sind.

Karlhans Frank

Im Gedicht heißt es:
„Gehen wir aufeinander zu …“
Wie verstehst du diese Zeile?

Was ist los mit Ben?

Die Mädchen schauten beim Fuß spiel zu, auch Anna. Ben war tapfer und gab sich große Mühe. Er holte sich häufiger als sonst. Aber wenn er am war, stimmte nichts mehr. Er flog beinahe über . Er traf nur halb und schoss vor die Füße des Gegners. Als er eine Ecke schießen wollte, rollte kläglich hinter das Tor. Ben schaute lange hinterher. Alle lachten, auch Anna. Manche pfiffen sogar. Ben wäre vor Scham am liebsten im Erdboden versunken.

1 Lies den Text leise und setze für die Bilder das Nomen **Ball/der Ball** im richtigen Fall ein!

2 Warum gelingt Ben nichts? Wie denkst du darüber?

3 Lies den Text nun vor!

4 In welchen Sätzen würdest du **Ball** besser durch die Personalpronomen **er**, **ihm**, **ihn** ersetzen? Probiere und begründe es!

Erinnere dich:

Für Personen oder Dinge stehen oft Personalpronomen:
ich, du, er, sie, es (Einzahl/Singular),
wir, ihr, sie (Mehrzahl/Plural).

5 Ist dir auch schon einmal so etwas Ähnliches passiert wie Ben? Sprich darüber! Du kannst es auch aufschreiben.

6 Robert erinnert sich:

Peinlich!
Auf dem Reiterhof traf ich Sarah.
Ich wollte ihr zeigen, wie toll ich
schon reiten konnte. Plötzlich ...

Wie könnte seine Geschichte weitergehen?

7 Willst du mehr über Ben und Anna erfahren?
Dann ergänze das Prädikat (die Satzaussage) mit Hilfe der Wortleiste!
Schreibe Sätze:

Ben erzählte ☐ ☐.
Das Meerschweinchen hörte ☐ zu.
Ben schrieb ☐ ☐.

seinen Kummer
dem Meerschweinchen
ihm
dem Mädchen Anna
einen Brief

Erinnere dich an den Satzbauplan:

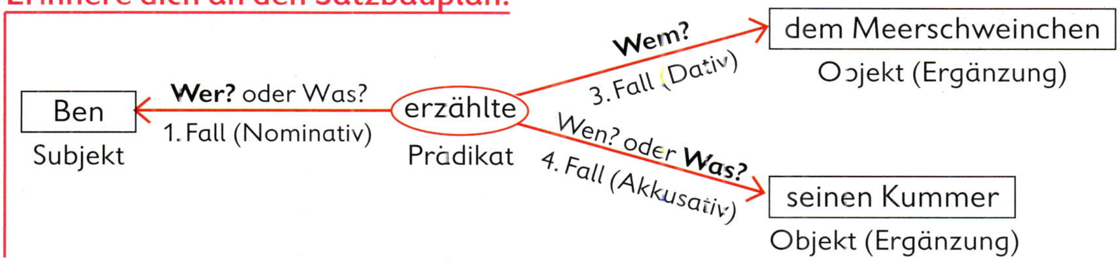

Die **Ergänzung** zum Prädikat heißt **Objekt**. Es steht oft im 3. Fall (Dativ) oder 4. Fall (Akkusativ). Nach dem Objekt kannst du so fragen:
Wem erzählte Ben seinen Kummer?
– *dem Meerschweinchen (Objekt im 3. Fall/Dativobjekt)*
Was erzählte Ben dem Meerschweinchen?
– *seinen Kummer (Objekt im 4. Fall/Akkusativobjekt)*
Wen besuchte Ben?
– *das Mädchen Anna (Objekt im 4. Fall/Akkusativobjekt)*

8 Frage in beiden Sätzen nach den Objekten (Ergänzungen):
Ben schrieb dem Mädchen Anna einen Brief.
Schreibe so: **Wem** schrieb Ben einen Brief? – …
Was schrieb Ben dem Mädchen Anna? – …

Das Meerschweinchen hörte ihm zu.
Schreibe so: **Wem** … ?
Kennzeichne die Objekte (Ergänzungen)!

9 Kannst du dir denken, was Ben nach dem Fußballspiel an Anna geschrieben hat?
Du kannst es auch aufschreiben, wenn du dich in Bens Lage versetzt.

Freizeit

1 Lies das Gedicht und sprich darüber!
Wie planst du deine Freizeit?

Nichts müssen,
nichts sollen.
Nur dürfen
und wollen.
Jeder Tag
ein unvorbereitetes Fest.
Sich einigen,
wer
wann
wo
was
wie
mit wem
tut oder lässt.

Hans Manz

2

Bilde auch solche Sätze! Verwende dafür:
Pilze sammeln, Geburtstag feiern,
Tiere füttern, Auto putzen,
einen Film anschauen,
Musik hören, ein Schulfest planen
Schreibe so:

Ich sammele mit meinen Eltern Pilze.

3

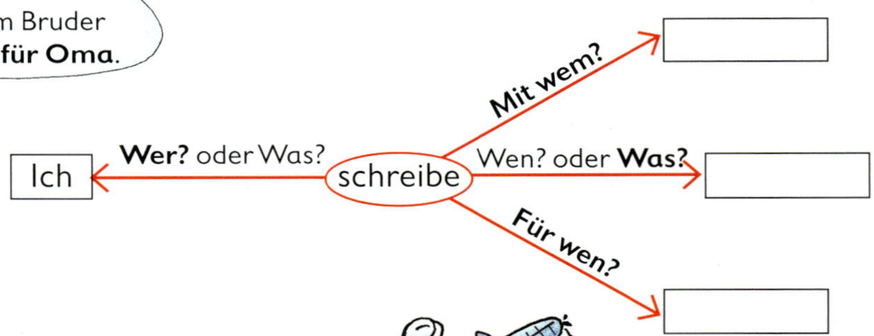

Bilde auch Sätze nach diesem Satzbauplan!
Verwende dafür:
einen Kuchen mit … für … backen,
ein Geschenk mit … für … kaufen,
ein Bild mit … für … malen,
eine Geschichte mit … für … schreiben

Mit Sprache spielen

In dem Buch „Der Sprachabschneider“ von Hans-Joachim Schädlich trifft Paul einen Mann. Dieser übernimmt für eine Woche seine Hausaufgaben. Dafür muss Paul ihm ein bisschen von seiner Sprache schenken. Tapfer geht er auf den Handel ein.

Anschließend spricht Paul so: „Ich gehe Sportplatz.“
Abends sagt er: „Ich war Fußballtraining.“
In der Schule antwortet Paul dem Lehrer:
„Main fließt Rhein.“ Zum Direktor sagt er:
„Nein, Lehrer ist nicht Klasse.“

1 Auf welche Wörter hat Paul verzichtet?
Lies den Text richtig vor!

2 Obwohl Paul langsam Angst davor bekommt, hat er noch mehr Sprache verschenkt.
So erzählt er seinen Eltern von einem Zirkusbesuch:
„Ein Tiger springen ein brennender Reifen.
Ein Elefant sitzen ein großer Hocker.
Seiltänzer halten jede Hand ein Regenschirm
und seine Schultern tragen er ein Mädchen.“

Schreibe die Sätze richtig auf!

Kleine Wörter wie ***auf, zu, in, für, bei, durch, auf, von, mit, aus, über*** heißen **Präpositionen**. Sie stehen **vor** einem Nomen oder Pronomen.
Sie verlangen den 3. Fall (Dativ): ***mit*** *meinem Bruder/****mit*** *ihm – mit wem?*
oder den 4. Fall (Akkusativ): ***für*** *die Mutter/****für*** *sie – für wen?*
Manchmal ziehen wir beim Sprechen zwei Wörtchen zusammen.
Aus ***bei dem*** wird ***beim***, aus ***zu dem*** – ***zum***, ***an dem*** – ***am***, ***von dem*** – …

Pauls Freunde lachen über ihn, die Eltern und Lehrer sind böse auf ihn. Paul fühlt sich sehr einsam. Aber sein Freund Bruno will ihm helfen, seine verschenkte Sprache zurückzuholen.
Ob der Kampf gelingt, erfährst du in dem Buch „Der Sprachabschneider“.

Gefühle – mal so, mal so

In ihrem Gedicht beschreibt Hanna Hanisch einmal das Gefühl der Wut und einmal das Gefühl des Glücks:

Ich könnte platzen.
Aus allen Nähten könnte
ich platzen
vor Wut.
Meine Hände zittern.
Meine Stimme bebt.
Meine Haut tut mir weh
von so viel Wut.

Ich könnte platzen.
Aus allen Nähten könnte
ich platzen
vor Glück.
Meine Hände winken.
Meine Stimme lacht.
Mein Bauch gluckert
von so viel Glück.

1 Marie hat zum ersten Teil des Gedichts dieses Erlebnis aufgeschrieben:

> Angst und Wut
> Es passierte gestern im Schulbus. Ich hörte, wie zwei große Jungen zu Thomas aus meiner Klasse sagten: „Her mit dem Geld, du Knirps!" Sie schubsten und boxten ihn so lange, bis er ihnen zwei Euro gab. Ich wollte Thomas helfen. Aber ich konnte mich vor Angst nicht rühren. Den ganzen Tag fühlte ich mich schlecht und war total wütend auf mich.

Wie hättet ihr an Maries Stelle gehandelt? Sprecht darüber!

2 Schreibe auch ein Erlebnis auf, das dich besonders wütend oder besonders glücklich gemacht hat!

- Verwende treffende Verben und Adjektive!
- Denke auch an die wörtliche Rede!
- Vergiss die Überschrift nicht!

Erinnere dich:
Auch kurze Erzählungen haben Einleitung, Hauptteil und Schluss.

Wo? Woher? Wohin?

1 Die Geschwister Markus und Laura waren in den Herbstferien auf einem Bauernhof. Dort haben sie Aslan, Elmedin und Tanja kennen gelernt. Aslan, Elmedin und Tanja kommen aus anderen Ländern. Abends saßen alle oft am Lagerfeuer. Wenn die ausländischen Kinder erzählten, wurden alle nachdenklich. Elmedin erzählte stockend: „Ich kann zu Hause nicht mehr auf der Straße spielen. Es ist alles kaputt. Deshalb möchte ich nicht wieder nach Bosnien zurück. Aber meine Freunde fehlen mir sehr.“ Tanja kommt aus Russland. Leise sagte sie: „Manche Kinder lachen, wenn ich etwas falsch ausspreche. Ihr seid da ganz anders.“ „Ich bin hier in Deutschland geboren“, sagte Aslan, „aber eines Tages möchte ich gern einmal in die Türkei fahren und meine Großeltern besuchen.“ Beim Abschied tauschten alle ihre Telefonnummern und Adressen aus.

Lest den Text und sagt eure Meinung zu dem, was die Kinder erzählt haben!

2 **a)** Fragt nach einigen farbigen Wortgruppen mit **Wo?**, **Woher?** oder **Wohin?**

Wo waren Markus und Laura in den Herbstferien? – **auf** einem Bauernhof

b) Ordne zu jeder Frage zwei Ortsangaben aus dem Text in die Tabelle ein:

Wo?	*Woher?*	*Wohin?*
…	*aus anderen Ländern*	…

3 Beantworte die Fragen!
Wo bist du? – Ich bin … **Woher** kommst du? – Ich komme …
Wohin gehst du? – Ich gehe …

Übung macht den Meister

Wörter mit ng und nk

1 Übe die Wörter der Wortleiste so:

ng	nk
die Angst …	das Geschenk lenken

2 Suche zu den Nomen
die Angst, das Geschenk
Wörter aus den Wortfamilien!

3 Reime weiter:

klingen	lenken	zanken	sinken
r…	s…	r…	h…
s…	d…	w…	tr…
zw…	sch…	schw…	schm…

die Angst
ängstlich
anstrengen
die Bank
drängeln
drängen
entlang
der Finger
gelingen
das Geschenk
klingen
lenken
ringen
senken
sinken
zanken
zwingen

4 Teekesselraten

5 Ergänze mit Objekten
im 3. Fall (Dativ) und
im 4. Fall (Akkusativ)!
Schreibe die Sätze auf:

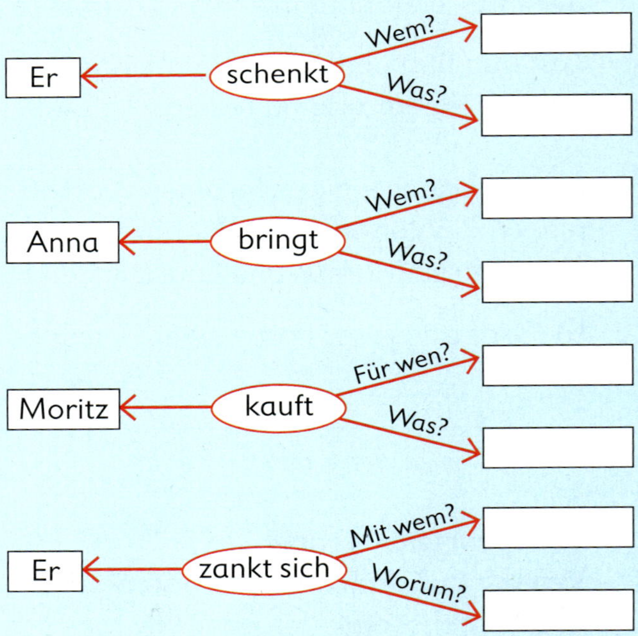

Wörter mit pf

1 Übe Wörter der Wortleiste in Wortfamilien!
Schreibe so: *empfangen, der Empfang, ...*
der Dampf, dampfen, der Dampfkessel, ...

der Dampf
empfangen
der Kampf
der Knopf
der Pfiff
er pfiff
das Pflaster
die Pflaume
die Pflicht
der Pflug
schimpfen
stumpf
tapfer
der Tropfen

2 Einmal Grundwort – einmal Bestimmungswort:
Wasser**tropfen** – **Tropf**wasser
Dampf**kessel** – **Kessel**...
Stier**kampf** – ...
Hahnenkampf – ...
Steinpflaster – ...
Pfeifentabak – ...

3 **a)** Schreibe alle Sätze ab und ergänze das Nomen **der Pflug** immer im richtigen Fall:
... ... steht in der Scheune. (1. Fall/Nominativ)
Die Teile **des ...** sind blank. (... Fall)
Der Bauer arbeitet mit **... ...** auf dem Feld. (... Fall)
Der Schlosser bringt Ersatzteile für **... ...** (... Fall)

b) Ordne die Fälle zu! Prüfe mit Hilfe der Tabelle auf Seite 134!

4 Teekesselraten

Zum Üben

Der Wettkampf
Die Zuschauer drängeln sich am Eingang. Die beiden Boxer steigen in den Boxring. Am Anfang ertönt eine Glocke. Die Jungen kämpfen tapfer um den Sieg. Angst kennen sie nicht. Ihre Freunde rufen und winken ihnen zu. Es ist ein gelungener Kampf. Der Gewinner erhält ein Geschenk.

So kannst du auch noch üben:
- Schreibe Wörter mit *ng*, *nk*, *pf* geordnet heraus!
- Schreibe Wortgruppen mit einer Präposition auf, zum Beispiel: *im Boxring, am Eingang drängeln, ...*

Für meine Freunde

Gute Tipps für das Miteinander in der Klasse

Ich-Botschaften helfen weiter:
Bevor es zu bösen Beschimpfungen kommt, formuliere eine Ich-Botschaft! So können deine Freunde verstehen, was in dir vorgeht, und sind bereit darüber nachzudenken.

Mich macht es fertig, wenn du ständig mit Julia tuschelst.
Ich habe oft das Gefühl, ihr redet über mich, und du erzählst unsere Geheimnisse.

Schreibe auch eine Ich-Botschaft!

Wie denkst du über ein eigenes Handy?

Julia: „Ich könnte immer gleich anrufen,
wenn ich den Bus verpasse."
Vater: „Eine Telefonkarte reicht völlig aus."
Oma: „Ich glaube, Handys sind schädlich."
Julia: „Ich möchte meinen Freunden eine SMS schicken."

Führt das Gespräch weiter!

Singt und gestaltet das Lied nach euren Ideen:

Anders als du

Worte und Melodie: Robert Metcalf

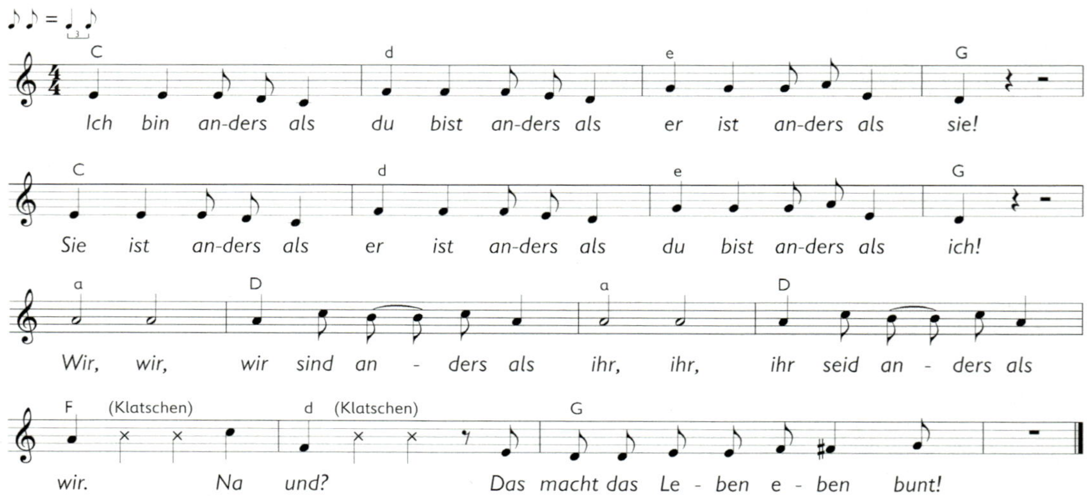

Im Winter

Die Pelzkappe voll mit schneeigen Tupfen,
behäng ich die Bäume mit hellem Kristall.
Ich bringe die Weihnacht und bringe den Schnupfen,
Silvester und Halsweh und Karneval.
Ich komme mit Schlitten aus Nord und Nord-Ost.
– Gestatten Sie: Winter. Mit Vornamen: Frost.

Mascha Kaléko

Wie stellst du dir Herrn Winter vor?
Beschreibe oder male ihn!

Weihnachtszeit – Märchenzeit

Durch das Haus ziehn süße Düfte,
Zeit der Heimlichkeit bricht an.
Großmama erzählt das Märchen
von dem Pfefferkuchenmann.

1 Minimärchen

Ein neugieriges Mädchen missachtet das Verbot seiner Eltern, verletzt sich an einem spitzen Gegenstand und schläft danach viele Jahre.

Ein kleiner, geschickter Handwerker wird durch List und Tapferkeit zum Helden und bekommt zum Lohn die Prinzessin und das halbe Königreich.

Ein Hahn auf dem Mist begrüßt ganz unterschiedlich die Ankunft zweier Stiefschwestern nach ihrem Besuch bei einer Schneemacherin.

Welche Märchen werden hier ganz kurz erzählt?

Erzähle eines der Märchen ganz!

A **A**schenputtel
B **b**acken
C **C**inderella
D **D**äumling
E **E**sel
F …

☆ So erzählt Janosch ein Märchen:

Es war einmal eine süße elektrische Dirn,
die hatte jedermann elektrisch lieb,
am liebsten aber ihre elektrische Großmama;
sie wusste gar nicht, was sie alles dem Kind geben sollte.
Einmal schenkte sie ihm ein elektrisches Käppchen
von rotem Samt. Und weil es ihm gar so gut stand,
dass es gar nichts anderes mehr tragen wollte,
hieß es das „elektrische Rotkäppchen“ …

Erzähle weiter so!

2 **a)** Lies die Verben in den Bildern! Sie verraten dir, um welche zwei Märchen es sich handelt.

b) Die Verben führen dich durch die Handlung. Verwende sie im Präteritum und erzähle die Märchen!

c) Wähle aus jedem Bild fünf Verben aus! Schreibe so:

	So hörst du es im Film:	So liest du es im Märchen:	So sprichst du über das Märchen:
Grundform	Präsens	Präteritum	Perfekt
schütteln	sie schüttelt	sie schüttelte	sie hat geschüttelt
gehen	sie geht	sie ging	sie ist gegangen

Weihnachten auf der Zauberschule

In England ist es Brauch, dass Father Christmas den Kindern am 25. Dezember die Geschenke bringt. Auch auf Hogwarts, der Schule, auf der Harry Potter das Zaubern lernte, war es so. Am Heiligabend ging Harry voller Vorfreude auf das Festessen und den Weihnachtstag zu Bett. Als er am Weihnachtsmorgen ganz früh aufwachte, sah er vor seinem Bett einen Stapel Päckchen liegen.

1 Welche Geschenke bekam Harry zu Weihnachten? Zähle sie auf:
Harry bekam eine Flöte, ein Geldstück, einen ..., ... und ...

2 Zähle auf, was es für leckere Sachen zu essen gab:
bunt Braten fett Kuchen süß Würstchen
Plumpudding saftig Truthähne niedlich
Schreibe so: *Es gab fette Truthähne, ...*

3 Was braucht ein Zauberlehrling noch alles?

Zauberstab Zauberbuch Hexenkessel
Zauberhut Zauberpulver
Kröten

Zähle auf: *Ein Zauberlehrling braucht ...*

Bei einer **Aufzählung** steht zwischen den Wörtern oder Wortgruppen ein Komma:
Die Zauberlehrlinge brachten Eulen, Ratten ***und*** *Kröten als Spielgefährten ins Schloss mit. In ihrer Freizeit streiften die Freunde durch die langen Gänge, die riesigen Räume, die finsteren Gewölbe des Schlosses.*

4 Die Weihnachtsferien auf Hogwarts waren für Harry besonders schön, **denn** er war dort nicht allein. Einige andere Schüler blieben auch dort, **weil** ihre Eltern verreist waren.

Teile jeden Satz in zwei Sätze:

Die Weihnachtsferien … schön.
Er war … .
Einige andere … Ihre …

5 Verbinde die beiden gegenüberliegenden Sätze!
Du kannst **weil**, **denn** oder **damit** verwenden.

Harry und Ron genossen die Weihnachtsferien.	Die beiden hatten den ganzen Schlafsaal für sich allein.
Im Aufenthaltsraum gefiel es ihnen besonders.	Am Kamin konnten sie stundenlang ungestört sitzen und essen.
In der Nacht schlich sich Harry Potter oft in die Bibliothek.	Er war einem Geheimnis auf der Spur.
Bei seinen nächtlichen Ausflügen hatte sich Harry in seinen Zauberumhang gehüllt.	Keiner konnte ihn sehen.

In der Weihnachtsnacht macht Harry eine besondere Entdeckung:
Er findet den Spiegel N E R H E G E B .
Später beschreibt er Ron, was er gesehen hat.

6 Setze Harrys Beschreibung fort:
Ich habe einen ganz besonderen Spiegel entdeckt. Er steht auf goldenen …

Wenn du etwas beschreibst, helfen dir diese Fragen:
- Wie groß ist der Gegenstand?
- Welche Form hat er?
- Aus welchem Material ist er?
- Welche Farbe hat er?
- Hat der Gegenstand Besonderheiten?

Ein neues Jahr geht übers Land, ich wünsche mir so allerhand

Im Januar werde ich Schneeschuhe kaufen
und weit über weite Berge laufen.

Im Februar werde ich Fasching erleben.
Da müsste es viele Feste geben.

Nach Rolf Krenzer

1 Lies die Reime!

Erinnere dich:

Zukünftiges kann mit Verbformen im **Futur** gesagt oder geschrieben werden.
Das Futur wird mit einer **gebeugten Form** von **werden** und mit der **Grundform/Nennform des Verbs** gebildet:
*ich **werde spielen**, wir **werden feiern**, …*

Was wirst du in den folgenden Monaten des Jahres tun?
Schreibe kleine Sätze: *Im März werde ich …*
Die Verben der Wortleiste helfen dir dabei.

fahren
spielen
schwimmen
basteln
lesen
feiern
pflanzen
säen
stecken
putzen
verreisen
baden
reparieren
bemalen

2 Bilde alle Futurformen!
Verwende drei Verben aus der Wortleiste:

ich werde …	wir werden …
du wirst …	ihr werdet …
er wird …	sie werden …

3 Was nimmt sich jedes Kind für das neue Jahr vor?
Sage kleine Sätze mit Verbformen im Futur!

4 Was nimmst du dir für das neue Jahr vor?
Schreibe es auf!

5 Was wirst du im kommenden Jahr auf keinen Fall tun?
Schreibe es auf!

Fasching – Fastnacht – Karneval

1 Der Winter ist für viele Menschen eine harte Zeit. Deshalb freuen sie sich auf das Ende des Winters. Nach altem Brauch vertreiben in einigen Gegenden die Menschen mit viel Lärm den Winter. Er wird als Strohpuppe verbrannt. So machen sie dem Winter den Garaus.

a) Das Nomen **der Winter** steht in den Sätzen in verschiedenen Fällen.
Frage nach dem 1. Fall (Nominativ) mit **Wer?** oder **Was?**,
nach dem 3. Fall (Dativ) mit **Wem?**,
nach dem 4. Fall (Akkusativ) mit **Wen?** oder **Was?**

b) Welcher Satz bleibt übrig? Kennst du den Fall?

2 Nach altem Brauch werden im Januar und Februar **das Ende des Winters** und **der Beginn des Frühlings** gefeiert. Fastnacht ist **der Vorabend der Fastenzeit**, die bis zum Osterfest dauert. Für Fastnacht gibt es mehrere Namen: Faselnacht, Fasching, Karneval. **Den Höhepunkt des Faschingstreibens** bilden die Rosenmontagsumzüge.

a) Wie wird in deinem Heimatort Fasching gefeiert? Erzähle!

b) Frage mit **Wessen?** nach dem 1. Substantiv der farbigen Wortgruppen!
Frage so: **Wessen** Ende? – *Antworte so:* das Ende **des Winters**

3 Was es zu sehen und zu hören gibt:

die Musik	die Festwagen
der Tanz	eine Kapelle
das Kostüm	der Räuber
die Länge	das Funkenmariechen
die Krone	die Hexe
die Maske	der Prinzessin

Bestimme die Nomen der linken Seite näher!
Unterstreiche die Wortgruppen im 2. Fall (Genitiv)!

Frage: Wessen?	*Antwort*
Wessen Tanz?	*der Tanz des Funkenmariechens*

Wenn ein Nomen ein anderes näher bestimmt,
steht es häufig im 2. Fall (Genitiv).
Der Anfang **des Frühlings** *wird gefeiert.* **Wessen** *Anfang? –* **des Frühlings**

Übung macht den Meister

Wörter mit sp und st am Wortanfang und am Wortstammende

ängstlich
bürsten
ernst
das Fest
der Gast
die Knospe
kosten
listig
rosten
der Spiegel
der Sprecher
die Spur
das Stadion
starten
der Staub
staubig
stechen
steil
stets
stolz
stören
streiten
das Stroh
stumpf
stürmen
stürzen

1 Im Dezember feiern wir das schönste Fest des Jahres. Der Weihnachtsbaum ist festlich geschmückt und strahlt im Glanz vieler Kerzen. An seinen Ästen hängen bunte Kugeln, und auf der Spitze steckt ein selbst gebastelter Stern. Die Kinder warten mit Spannung auf den Weihnachtsmann. Sie werden einen Spruch aufsagen.

Suche aus dem Text alle Wörter mit **Sp/sp** und **St/st** am Wortanfang heraus! Denke an die Unterschiede in der Aussprache und in der Schreibweise!

2 Schreibe alle Verben der Wortleiste untereinander! Ergänze die 3. Person Einzahl (Singular) im Präsens und im Präteritum:
bürsten, er bürstet, er bürstete
kosten, er kostet, er kostete

3 Finde zu jedem Verb aus Aufgabe 2 ein verwandtes Nomen:
bürsten – die Bürste

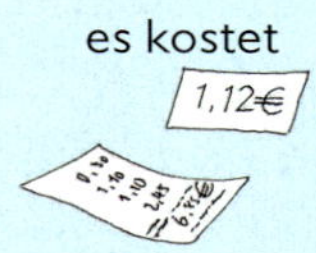

4 Welche Adjektive aus der Wortleiste passen zu den folgenden Wörtern:
die Prinzessin, die Treppe, der Fuchs, das Schwert, das Gesicht, der Hase, der Weg?
Schreibe so: *die stolze …*

5 Reime weiter und trenne die Wörter:

die Feste
die R…

die Masten
der K…

fasten
h…

die Kisten
n…

husten
p…

der Pfosten
k…

Wortspielerei
Der Meister meistert seine Meisterprüfung meisterhaft.

6 Märchenrätsel

Ich weiß von einem Männlein,
das tanzt im Feuerlicht,
sagt selten seinen Namen,
steckt bis zum Hals voll List.

Es stapft wer durch den Zauberwald,
hat Stulpenstiefel an,
hat einen Schnurrbart, zwirbelflott –
ist nicht der Weihnachtsmann.

a) Schreibe die Namen der beiden gesuchten Märchenfiguren auf!

b) In den Märchenrätseln stecken noch andere Wörter mit **st**.
Schreibe sie nach dem Alphabet geordnet auf!

T	S	U	T
A	P	S	E
B	U	O	T
B	N	R	E

Aus diesen Buchstaben kannst du sehr viele Wörter mit **st** und **sp** bilden. Schreibe sie auf!

7 Bilde aus den Wortgruppen zusammengesetzte Nomen:
eine Spur im Schnee, die Matte aus Stroh, der Sprecher im Stadion, das Haus für Gäste, das Fest zu Weihnachten, die Knospe für die Blüte, der Staub aus Gold, ein Spiegel an der Wand

Schreibe so: *die Schneespur, die Stroh*…
Überlege, welche Zusammensetzungen du auch in der Mehrzahl (im Plural) schreiben kannst!

8 **stets** bedeutet so viel wie **immer**

a) Ergänze die Wortgruppen mit dem Wort **stets**:
… viel Obst und Gemüse essen, … Sport treiben, … viel draußen spielen

b) Schreibe zwei Sätze mit dem Übungswort **stets** auf!

Zum Üben Bald ist Weihnachten
Wir bereiten uns auf das Fest vor. Am Barbaratag haben wir Zweige von Obstbäumen und Sträuchern abgeschnitten. Sie werden im Zimmer in eine Vase gestellt. Ob sie wohl bis zum Weihnachtsfest ihre Knospen öffnen werden?

Für meine Freunde

Worauf ich mich freue

Zum Weihnachtsfest gehört auch ein gutes Essen. Im Erzgebirge kommen nach altem Brauch am Heiligabend neun verschiedene Speisen auf den Tisch, das „Neinerlaa“ (Neunerlei).

☆ Welches Gericht kommt in deiner Familie auf den Tisch? Erzähle davon!

☆ Zum Ausprobieren:
Mario aus Spanien hat das Rezept für sein liebstes Festtagsgebäck mitgebracht.

Zutaten für Mandelplätzchen

2 Teelöffel geriebene Mandeln,
2 Teelöffel Zucker,
1 Teelöffel Zimt,
geriebene Schale von 1 Zitrone,
2 Eiweiß

So wird es gemacht:

- alle Zutaten, außer Eiweiß, in eine Schüssel geben
- das Eiweiß schlagen, bis es steif wie Schnee ist
- den Eiweißschnee vorsichtig unter das Mandelgemisch rühren
- die Mandelmasse in kleinen Häufchen auf ein Kuchenblech setzen
- die Plätzchen im vorgeheizten Backofen etwa 10–15 Minuten backen (bei 170 °C auf der mittleren Schiene)

☆ Vielleicht möchtest du das Plätzchenrezept verschenken.
Schreibe es so auf: *Gib alle Zutaten … ! Schlage dann …*

So zählt man bis Weihnachten

zehn Tagesreisen nach Bethlehem
neun Herbergen haben sie abgewiesen
acht Lämmer im Stall in dieser Nacht
sieben Esel im Stall
sechs Ochsen liegen
fünf Schafhirten
vier Engel
drei Weise
zwei Maria und Josef
ein Jesus

Sally Emerson

☆ Versucht, auch so ein Zählgedicht zu schreiben!

Von Tieren und Menschen

Es beißt nicht jede Qualle.
Nicht jede Biene sticht.
Auch Tiere haben alle
ein eigenes Gesicht.

Schaut ihnen einmal friedlich
und wachen Auges zu:
Sie sind ganz unterschiedlich,
genau wie ich und du.

James Krüss

Sprich über die zweite Strophe!

Wissenswertes über Fledermäuse

Hufeisennase

Fledermäuse sind Säugetiere, aber keine Mäuse. Sie gehören wie die Flughunde zu den Fledertieren. Die Fledertiere sind die einzigen Säuger, die fliegen können. Zwischen ihren Händen und Hinterbeinen haben sie dehnbare Flughäute. Fledermäuse sind wahre Flugkünstler und sehr gute Jäger. Sie fliegen und jagen meist nachts. Fledermäuse suchen sich meist dunkle Schlafplätze. Sie hängen dann kopfunter in Höhlen, Kellergewölben, Scheunen, alten Gemäuern, hohlen Bäumen oder auf Dachböden. Im Winter halten einige Fledermausarten Winterschlaf. Andere fliegen wie die Zugvögel in den Süden. Manche Menschen haben Angst vor ihnen, weil sie glauben, dass die Tierchen Menschenblut trinken.

1 Lies den Text genau und notiere dir Stichpunkte zu den Fragen:

- Zu welchen Tieren gehören Fledermäuse?
- Warum können sie fliegen?
- Wann jagen sie?
- Wo schlafen sie?
- Wie verbringen sie den Winter?
- Warum fürchten sich manche Menschen vor ihnen?

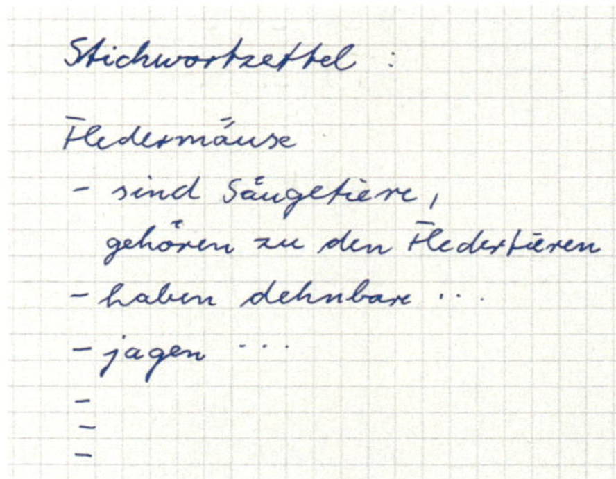

Die Kinder der Klasse 4 a wollen noch mehr über Fledermäuse wissen. Sie sammeln Fragen, zum Beispiel:

- Welche Fledermausarten gibt es noch, und wo leben sie?
- Wie ernähren sich die unterschiedlichen Fledermäuse?

Zwergfledermäuse leben in Europa. Sie jagen in der Abenddämmerung Insekten.

Fischfledermäuse leben in Mexico und Brasilien. Nachts fangen sie Fische.

Informationen aus Sachtext entnehmen, Stichwortzettel anlegen, Fragen zum Thema stellen

Langzungenfledermäuse kommen nur in warmen Gegenden vor. Sie ernähren sich von Nektar und Blütenstaub.

Vampirfledermäuse leben in Südamerika. Sie saugen lebenden Tieren Blut aus.

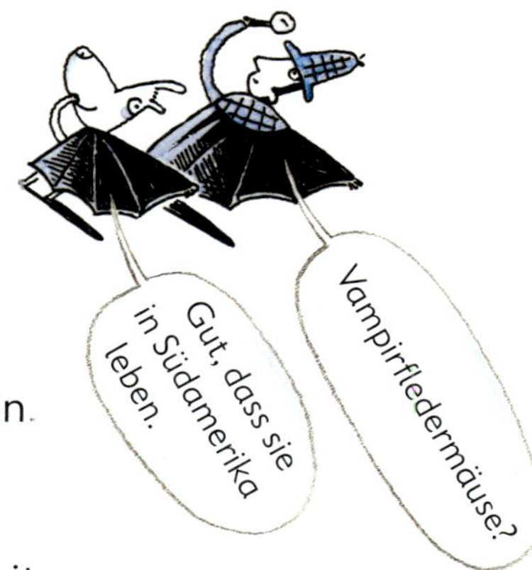

2 Was interessiert euch besonders? Schreibt Fragen auf!

3 Ihr könnt euch im Lexikon, in Tierbüchern oder im Internet informieren. www.all-about-bats.net Macht euch Stichpunkte! Ihr könnt auch Bilder sammeln.

4 Stelle deine Ergebnisse in einem kleinen Vortrag vor! Schon mit dem ersten Satz musst du die Aufmerksamkeit deiner Zuhörer gewinnen. Wie würdest du beginnen?

Ich soll jetzt über die Fledermäuse reden.
Früher habe ich mich vor Fledermäusen gefürchtet.
Aber das sind ganz tolle Tiere. Hört mal zu!

5 Ihr könnt auch kleine Texte schreiben und sie in der Klasse aushängen.

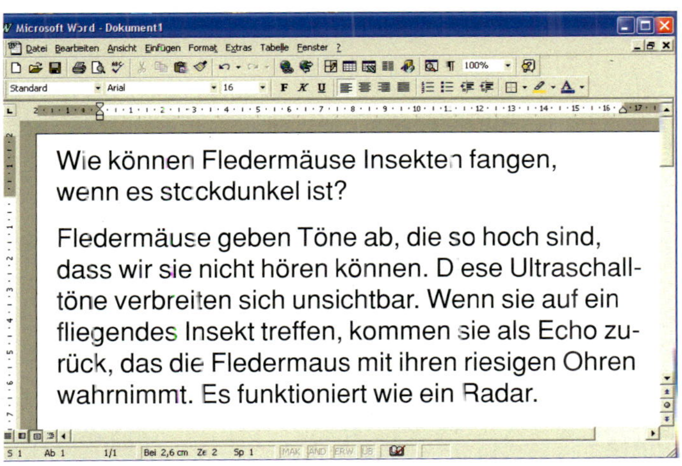

Wie können Fledermäuse Insekten fangen, wenn es stockdunkel ist?

Fledermäuse geben Töne ab, die so hoch sind, dass wir sie nicht hören können. Diese Ultraschalltöne verbreiten sich unsichtbar. Wenn sie auf ein fliegendes Insekt treffen, kommen sie als Echo zurück, das die Fledermaus mit ihren riesigen Ohren wahrnimmt. Es funktioniert wie ein Radar.

Eine spannendes Tiererlebnis aufschreiben

Philipp hatte ein besonderes Erlebnis mit Fledermäusen. Er stellt seine Erzählung in der Schreibkonferenz vor.

Mausohr

Im vorigen Sommer war ich mit meinen Eltern in Mecklenburg im Urlaub. Wir wohnten in einem alten Fachwerkhaus. Eines Abends ging ich nach oben auf den Dachboden. Plötzlich flatterten wie Schatten Fledermäuse durch eine Bodenluke ins Freie hinaus. Ich ging weiter, und da sah ich ganz viele kleine Tierchen. Sie hatten kaum Fell und kuschelten sich eng aneinander. Schnell lief ich zu meinen Eltern und erzählte ihnen von meiner Entdeckung. Mein Vater sagte: Da hast du eine Fledermaus-wochenstube entdeckt. Die Mütter ziehen auf dem Dachboden ihre Jungen auf. Wenn sie nachts von der Insektenjagd zurückkommen, werden sie von den Jungen laut begrüßt.

Wie heißt die Überschrift?

Wo ist denn der Höhepunkt?

Es müsste noch spannender erzählt werden.

Was hast du gedacht, als du auf dem Boden warst?

Du hast die Anführungszeichen der wörtlichen Rede vergessen.

Hattest du denn keine Angst?

Der Schluss fehlt.

1 Wie gefällt dir Philipps Geschichte?

Philipp hat sich die Fragen der Kinder notiert und überarbeitet seine Geschichte.

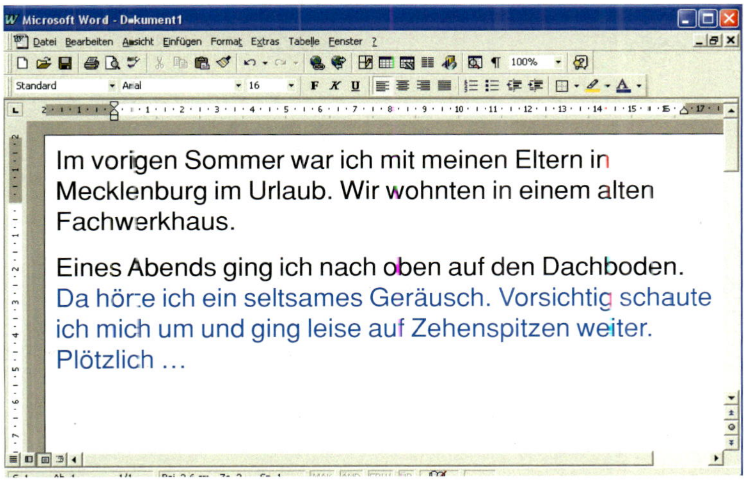

Im vorigen Sommer war ich mit meinen Eltern in Mecklenburg im Urlaub. Wir wohnten in einem alten Fachwerkhaus.

Eines Abends ging ich nach oben auf den Dachboden. Da höre ich ein seltsames Geräusch. Vorsichtig schaute ich mich um und ging leise auf Zehenspitzen weiter. Plötzlich …

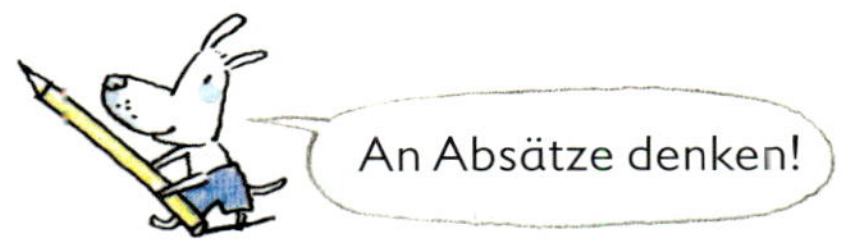

2 Überarbeite diese Erzählung! Beachte dabei die Fragen und Hinweise der Kinder!

Diese Formulierungen helfen dir: *lautlos, vorsichtig, ganz leise, ängstlich, sich nähern, vermuten, erschrocken sein, sich nicht herantrauen, traurig sein, froh sein*

3 Du kannst auch eine eigene Tiergeschichte aufschreiben. Sie kann wahr oder erfunden sein.

4 Lest euch eure Erzählungen vor und überprüft sie mit Hilfe der Schreib-Tipps vom Plakat!

5 Vergleicht eure Erzählungen mit den Texten auf Seite 54/55! Was stellt ihr fest?

☞ Schreib-Tipps
für eine spannende Geschichte ☜

Einleitung:

Wann und wo spielt die Geschichte?
Wer kommt vor?

Hauptteil:

Was passierte?
Erzähle spannend und verwende dabei:
- wörtliche Rede
- Fragen
- Ausrufe
- Gedanken und Gefühle
- treffende Verben und Adjektive
- Vergleiche

Der Höhepunkt ist die Stelle, an der es am spannendsten ist.

Schluss:

Welche Bedeutung hatte das Erlebnis für dich?

Tierliebe?

Sieben Baby-Meerschweinchen und zwei Muttertiere sind in einem Karton neben der Mülltonne des neuen Tierheims ... ausgesetzt worden. Ein Tierheim-Mitarbeiter entdeckte die „Schneeschweinchen“ am 1. Weihnachtsfeiertag.

Wieder wurden kurz vor der Urlaubszeit Tiere ausgesetzt. Spaziergänger fanden einen etwa zweijährigen Schäferhund im Stadtpark, der an einem Papierkorb angebunden war. Das Tier war verängstigt und völlig durchnässt ...

1 Hast du auch schon einmal etwas Ähnliches gehört oder gelesen? Erzähle davon!

Plant einen Besuch in einem Tierheim in eurer Nähe! Schreibt auf, was ihr dort alles erfahren habt!

2 Susi wünscht sich zum Geburtstag einen Hund. Sind Tiere passende Geschenke? Die Kinder der Klasse 4 a sagen dazu ihre Meinung:

Maria

Tiere sind doch kein Spielzeug. Andere Geschenke sind viel besser.

Katja

Viele wissen nicht, was sie mit ihrem Tier machen sollen, wenn sie verreisen. Dann geben sie es einfach weg.

Philipp

Wisst ihr eigentlich, was ein Hund im Jahr kostet?

Lars

Eigentlich bin ich ein Stubenhocker. Mit meinem Hund bin ich viel unterwegs. Das ist doch gesund!

Jasmin

Ich habe keine Geschwister. So einem Hund könnte ich dann alles erzählen und mit ihm spielen.

Marc

Wenn man ein Tier hat, muss man sich immer darum kümmern.

Jerzy

Junge kriegen sie auch noch. Wohin dann damit?

Fatima

Unsere Wohnung ist viel zu klein für ein Tier. Darum helfe ich oft im Tierheim.

3 Tauscht eure Meinungen zu diesem Thema aus!
Es gibt bestimmte Wörter und Wendungen, die ihr dazu nutzen könnt.
Begründet eure Meinung mit den Wörtchen **weil**, **denn** oder **da**:

Zustimmung	**Einwand**
Ich bin derselben Meinung wie …, …	Da bin ich anderer Meinung, *weil* …
Was … sagt, finde ich richtig, …	Da möchte ich widersprechen, …
Ich finde, dass … Recht hat, *denn* …	Was … sagt, ist nicht richtig, …
Mit der Meinung von … bin ich einverstanden, …	Mit der Meinung von … bin ich nicht einverstanden, …

4 Schreibe deine Meinung zum Thema „Ist ein Tier ein passendes Geschenk?“ auf!

5 Delfine lieben Kinder –
Kinder lieben Delfine.
Äußere deine Gedanken zu dem Bild!

6 Als Sarah mit ihren Eltern auf Mallorca Urlaub machte, besuchte sie ein Delfinarium. Obwohl ihr die Vorstellung gut gefallen hat, macht sie sich Gedanken darüber, ob es den Tieren auch gut geht.

Was meinst du dazu?

Delfine in einem Delfinarium

Delfine in Freiheit

Miteinander sprechen, Meinungen austauschen, Einwände/Zustimmung mit den Konjunktionen weil, da oder denn begründen, Meinungen zum Thema veröffentlichen

Übung macht den Meister

Wörter mit ss und ß

1 Rätsel 

n ist zumeist, was das **F** enthält.
der **H** ist, was die Welt vergällt.
den **P** braucht, wer in ferne Länder zieht.
der **B** gehört zu einem tief gesung'nen Lied.

a) Schreibe die Lösungswörter mit **ss** auf!
Kennzeichne die kurzen Selbstlaute (Vokale)!

b) Von drei Nomen kannst du die Mehrzahl (den Plural) bilden.
Schreibe so: *das Fass – die Fäs-ser*

c) Suche zu den anderen Wörtern verwandte Wörter! 

2 Ein Buchstabe verändert die Wortbedeutung:

die Rassel	– der Rüssel	die Gosse	– die G_sse
die Risse	– die R_sse	die Flosse	– die Fl_sse
der Schluss	– das Schl_ss	die Kasse	– die K_sse
der Boss	– der B_ss	nass	– die N_ss

3 Reime weiter:

hassen	essen	reißen	fließen	küssen
p...	m...	b...	sch...	m...
f...	fr...	h...	g...	

4 Schreibe zu den Verben *passen, küssen, messen, fließen, reißen, schießen, gießen* verwandte Nomen auf!
Kennzeichne die kurzen und die langen Selbstlaute (Vokale)!
Schreibe so: *passen – der Pass*
küssen – der ...

5 *passen, fließen, reißen, küssen, beißen, gießen, fressen*
Schreibe die Stammformen (Leitformen) von diesen Verben so auf:
passen, er passte, gepasst
fließen, er floss, geflossen

Kennzeichne die langen und kurzen Selbstlaute (Vokale)!

außen
beißen
der Biss
bloß
draußen
das Fass
fassen
der Fleiß
fließen
er floss
der Fluss
er fraß
fressen
die Gasse
die Geheimnisse
der Kloß
der Kuss
küssen
das Maß
messen
er misst
das Schloss
der Spaß
der Strauß

aber:
der Bus 

6 Setze als Brückenwort immer ein Nomen aus der Wortleiste ein:

FLUSS
NEBEN  ARM

Schreibe so:
der Nebenfluss, der Flussarm

TÜR  GRABEN

KARTOFFEL  MEHL

BAND  EINHEIT

WEIN  BRAUSE

7 **ss** oder **ß**? Ergänze richtig:
ein großer Spa_, ein Kü_chen geben, auf eine harte Nu_ bei_en,
blo_ ein bi_chen Grie_ verschütten, ohne Flei_ kein Preis,
durch eine enge Ga_e gehen, ein Schu_ ins Tor, sehr verge_lich sein,
mit dem Bandma_ ganz genau me_en, drau_en warten,
au_en und innen, einen bunten Strau_ pflücken

Wörter mit der Nachsilbe **-nis** sind Nomen. Sie werden großgeschrieben und können einen Artikel (Begleiter) haben.

8 *geheim, wagen, ergeben, erleben, erlauben*
a) Bilde von den Wörtern Nomen mit der Nachsilbe **-nis**!
Schreibe sie in Einzahl (Singular) und Mehrzahl (Plural) so auf:
das Geheimnis, die Geheimnisse, Ge-heim-nis-se

b) Schreibe mit den Nomen fünf Sätze!
Vielleicht gelingt dir sogar ein kleines Partnerdiktat.

Zum Üben mit der Wortleiste	• Trenne einige Wörter! • Bilde von einigen Nomen die verwandte Form mit der Nachsilbe **-chen**! • Von welchen Wörtern gibt es verwandte Adjektive? Schreibe beide Wörter auf!

Für meine Freunde

Die Kinder der Klasse 4a haben über richtige und falsche Tierhaltung gesprochen. Unter der Überschrift: **Das wünsche ich mir von dir** ist eine kleine Mappe entstanden.

Der Hund

Ich bin ein Rudeltier. Ich muss also ganz und gar zur Familie gehören dürfen. Für mich musst du dir Zeit nehmen. Ich möchte dreimal täglich raus: laufen, springen, mit meiner Nase die Umgebung erschnüffeln. Ich brauche viel Platz und Auslauf.

Die Maus

Oft füttern und tränken, nicht herumtragen,
Vermehrung stoppen,
kein Goldfischglas, sondern
einen schönen Käfig …

Der Papagei

Ich werde sehr alt. Weißt du, was du in 50, 60 Jahren mit mir machen wirst? Du musst viel mit mir reden und spielen. Ich kreische auch ziemlich laut. Ich würde – ganz ehrlich – lieber im Dschungel bleiben.

Fische

Brauchen wenig Zuwendung,
ein ausreichend großes Aquarium,
regelmäßig Futter,
verschiedene Arten müssen
zusammenpassen …

Das Kaninchen

Mag keine zu kleinen Käfige,
ist sehr schreckhaft,
ist kein Schmusetier,
frisst alles an,
auch Elektrokabel …

☆ Schreibt die Wünsche von Fisch, Maus und Kaninchen auf! Die Stichpunkte helfen euch dabei.

☆ Schreibt zum Thema „Tiere sind kein Wegwerfspielzeug“ einen Aufruf zur Tierhaltung und veröffentlicht ihn!

Kreuz und quer durchs Land

Es wollen zwei auf Reisen gehn
und sich die weite Welt besehn.
Der Koffer macht den Rachen breit:
Komm mit, es ist so weit!
Erika Engel

Worüber unterhalten sich Detektiv und Hund?
Was würdest du in deiner Mundart sagen?

Übung macht den Meister

Wörter mit b, d, g am Wortstammende und am Wortende

begegnen
beugen
biegen
glauben
graben
handeln
kleben
leben
lieben
siegen
wenden
wiegen
zaubern

1 a) Die Kinder erzählen Ausschnitte aus Sagen nach. Wer kennt die Geschichten?

Anna:
„Die hochmütigen und verschwenderischen Einwohner der Stadt lebten in Saus und Braus und glaubten nicht an die Warnungen der Leute. Da kam in einer stürmischen Novembernacht ein Unwetter auf und die hohen Wellen begruben alles unter sich."

Marco:
„Zuletzt lebte nur noch ein einziger Riese in einer Höhle in den Müggelbergen. Er fühlte sich oft allein und wollte gern heiraten. Doch es begegnete ihm keine Riesenfrau. Kurzerhand raubte er eine junge Berlinerin. Sie liebte aber einen Schmiedegesellen …"

b) Suche aus den Sätzen die Verben mit **b**, **d** und **g** in der Wortmitte heraus! Schreibe so: *sie lebten – sie leben, …*

2 a) Finde verwandte Nomen zu den Verben *siegen, zaubern, kleben, wiegen, lieben, handeln, leben!* Schreibe so: *siegen, der Sieg*

b) Unterstreiche immer den Wortstamm! Was stellst du fest?

3 a) Suche verwandte Verben mit der Vorsilbe **ver-** zu *beugen, wenden, handeln, biegen,graben, lieben, zaubern!* Schreibe so: *beugen, verbeugen*

b) Ergänze die Wortgruppen mit passenden Verben:

sich vor dem Publikum …
sich in jemanden …
über den Preis …
sich von der Musik … lassen
den Goldschatz …
den Draht …

4 Schreibe alle Reimwörter auf! Unterstreiche die Endungen:

graben	du biegst	er raubt	er lebte
sch…	du fl…	er gl…	er kl…
l…	du s…	er schr…	er w…
tr…	du w…	er schn…	er schw…

5 **a)** Sprich die Nomen der Wortleiste deutlich und vergleiche die Sprech- und Schreibweise! Was stellst du fest?

b) Schreibe die Nomen ab und bilde die Mehrzahl (den Plural), wenn es möglich ist.

der Abend
die Burg
die Farbe
das Gold
der Grund
das Land
der Mond
das Schild
das Silber
der Zweig

der Mond – die Monde

6 das Land, der Räuber, der Grund, der Feind, der Staub, der Abend, die Farbe, die Schuld, das Gold, die Liebe
Schreibe zu den Nomen abgeleitete Adjektive mit **-ig, -lich, -isch** und unterstreiche die Nachsilben!

Schreibe so: *das Land – länd<u>lich</u>, der Räuber – räuber<u>isch</u>, …*

7 **a)** Finde das Gegenteil:

krank – gesund	zahm – w…
dumm – kl…	sonnig – tr…
bekannt – fr…	rau – m…

b) Ordne den gefundenen Adjektiven passende Nomen zu:
ein gesunder Mensch, …

fremd
gesund
klug
mild
trüb
wild

8 Stelle zu *leben* und *färben* Wortfamilien zusammen und schreibe sie auf!

Zum Üben **b, d, g** oder **p, t, k**?
Ergänze:
am Aben_ den Mon_ betrachten, aben_s feiern,
mit dem Ra_ fahren, auf einen guten Ra_ hören,
das Zel_ aufbauen, gesun_ le_en,
ein Theaterstück lei_en, unter Schmerzen lei_en,
mit Gel_ bezahlen, die mil_e Luft einatmen,
das Ge_äck zum Zu_ tragen, das Ge_äck essen,
die Fehler fin_en, sich in der Stunde mel_en,
mit dem Flugzeu_ flie_en, die Wel_ von oben sehen,
in ein frem_es Lan_ kommen

Für meine Freunde

Auf Safari durch unsere Landeshauptstadt

☆ Die Klasse 4a stellt auf verschiedene Weise ihre Landeshauptstadt vor:

Suchrätsel

A	M	A	R	K	T	P	L	A	T	Z	L	O	F	R
T	I	S	M	U	S	E	U	M	G	X	R	V	M	L
S	P	D	O	M	F	T	R	E	Qu	U	V	W	K	L
F	T	K	R	Ä	M	E	R	B	R	Ü	C	K	E	T

Wissensquiz

Informiert euch vorher wie eure Freunde aus dem Sprachbuch.

Wie heißt die Brücke in Erfurt mit ständig bewohnten Häusern?
a) Kramerbrücke
b) Kranzbrücke
c) Krämerbrücke
d) Erfurtbrücke

Richtige Antwort:
c) Krämerbrück...

Was war das Erfurter Hauptgetränk im Mittelalter?
a) Pfefferminztee
b) Milch
c) Bier
d) Wein

Richtige Antwort:
c) Bier

☆ Welche Ideen habt ihr für die Erkundung eurer Landeshauptstadt?
Vielleicht eine Exkursion?
So ein Plan kann helfen:

1. Das **Thema** bestimmen.
2. Das Thema in die **Mitte des Blattes** schreiben, einkreisen und ein Bild dazu malen.
3. **Hauptäste** an das Thema hängen, **Oberbegriffe** auf die Hauptäste schreiben (und wenn du willst einkreisen).
4. **Nebenäste** an Hauptäste hängen, darauf **Unterbegriffe** schreiben, die zu den Hauptbegriffen gehören.

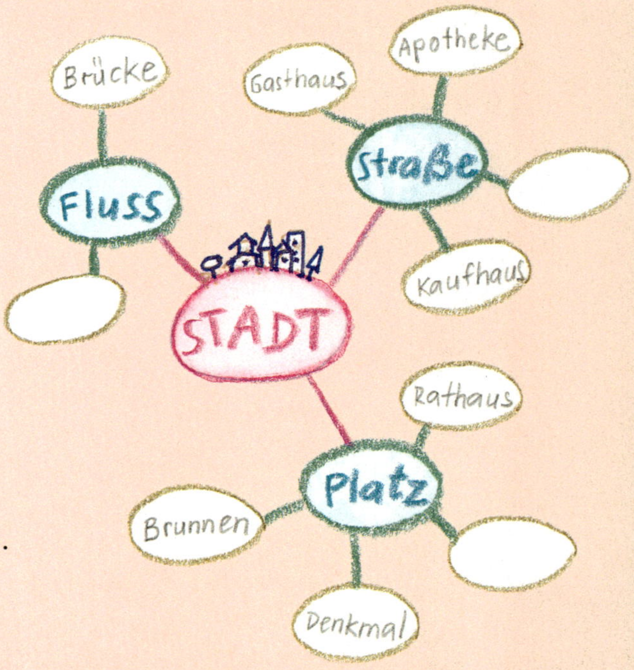

Seltsames und Interessantes

Uns gab der kluge Marabu
ein exklusives Interview.
„Wie kommt es“, lautet unsre Frage,
„zur unlängst neu entstand’nen Lage?“

Der Marabu auf einem Bein
äugt klug ins Objektiv hinein,
klemmt sich die Brille hinters Ohr
und trägt uns seinen Standpunkt vor:
„Marabu, ubaram, …

Günter Saalmann

Erfinde einen Tiernamen mit drei Silben!
Lass dein Tier sprechen wie den Marabu!

Wie Eulenspiegel einen Esel das Lesen lehrte

Eines Tages kam Eulenspiegel auch nach Erfurt. Die Erfurter Studenten und ihr Rektor hörten von seiner Ankunft und zerbrachen sich den Kopf, was für eine Aufgabe sie ihm stellen könnten, und sie sagten: „Er soll nicht uns, sondern wir wollen ihn hereinlegen."

Endlich fiel ihnen etwas Passendes ein. Sie kauften einen Esel, bugsierten das störrische Tier in den Gasthof „Zum Turm", wo Eulenspiegel wohnte, und fragten ihn, ob er sich zutraue, dem Esel das Lesen beizubringen.
„Selbstverständlich", antwortete Till. „Doch da so ein Esel ein dummes Tier ist, wird der Unterricht ziemlich lange dauern."
Der Rektor war damit einverstanden. Eulenspiegel verlangte fünfhundert alte Groschen für seinen Unterricht. Man gab ihm einen Vorschuss und ließ ihn mit seinem vierbeinigen Schüler allein.

Till brachte das Tier in den Stall. In die Futterkrippe legte er ein großes altes Buch und zwischen die ersten Seiten des Buches legte er Hafer. Das merkte sich der Esel. Und um den Hafer zu fressen, blätterte er mit dem Maul die Blätter des Buches um. War kein Hafer mehr zu finden, rief der Esel laut: „I-a, i-a!" Das fand Eulenspiegel großartig und übte mit dem Esel wieder und wieder.

Nach einer Woche ging Till zu dem Rektor und sagte:
„Wollen Sie bei Gelegenheit einmal mich und meinen Schüler besuchen?"
„Gern", meinte der Rektor, „hat er denn schon einiges gelernt?"
„Ein paar Buchstaben kann er bereits", erklärte Eulenspiegel stolz.
„Und das ist ja für einen Esel und für eine Woche Unterricht allerhand."

Schon am Nachmittag kam der Rektor mit den Professoren und Studenten in den Gasthof, und Till führte sie in den Stall. Dann legte er ein Buch in die Krippe. Der Esel, der seit einem Tag kein Futter gekriegt hatte, blätterte hungrig die Seiten des Buches um. Und da Eulenspiegel diesmal überhaupt keinen Hafer ins Buch gelegt hatte, schrie das Tier unaufhörlich und so laut es konnte: „I-a, i-a!"
„I und A kann er schon, wie Sie hören", sagte Eulenspiegel.
„Morgen beginne ich damit, ihm O und U beizubringen."

Da gingen die Herren wütend fort. Der Rektor ärgerte sich so sehr, dass ihn bald darauf der Schlag traf. Und Till jagte den Esel aus dem Stall. „Scher dich zu den anderen Erfurter Eseln!", rief er ihm nach. Dann schnürte er sein Bündel und verließ die Stadt noch am selben Tag.

Nach Erich Kästner

1 Lies den Schwank und sage, wie er dir gefällt! Begründe deine Meinung!

2 Ihr könnt die Geschichte auch mit verteilten Rollen lesen und spielen.

3 Die Kinder wollen den Schwank einmal anders als Erich Kästner erzählen. So beginnt Lisas Nacherzählung:

> Eines Tages fraß ich gerade schmackhafte Disteln. Da kamen Männer mit langen schwarzen Mänteln und Hüten. Sie bugsierten mich in einen Gasthof. Ein Mann mit einer Hörnerkappe fasste mich am Strick und raunte mir ins Ohr: „Bleib ganz ruhig, mein Freund!", und brachte mich in einen Stall. Dort setzte er mir einen seltsamen Fressnapf vor …

Woran hast du gleich erkannt, aus welcher Sicht Lisa erzählt?

4 Erzählt Lisas Geschichte weiter und gebt ihr eine Überschrift!

5 Die Geschichte kann ganz anders erzählt werden, zum Beispiel zu diesen Überschriften:
- Wie ich einem Esel das Lesen beibrachte
- Wie uns Eulenspiegel hereingelegt hat

a) Wähle dir eine Überschrift aus, schlüpfe in die jeweilige Figur und erzähle!

b) Schreibe deine Erzählung auf! Beachte die Tipps!

- Sage, wo und wann die Geschichte spielt!
- Erzähle, wie die Figuren aussehen und wie sie sich fühlen!
- Vergiss die wörtliche Rede nicht!
- Erzähle der Reihe nach!
- Denke auch an einen Schluss!

Menschenskinder

Die Kinderzeitschrift GEOlino stellt unter der Rubrik „Menschenskinder“ regelmäßig interessante Menschen vor.

MENSCHENSKINDER

Kenia

Mit 84 in die erste Klasse

Da staunten die ABC-Schützen in der Stadt Eldoret in Kenia. Erster Schultag – und mitten unter ihnen sitzt ein Mann, der gut und gern ihr Ururopa sein könnte! Kimani Nganga Maruge, so heißt er, ist schon 84 Jahre alt. Aber erst in diesem Jahr hat er begonnen, zur Schule zu gehen. Dazu bekam er früher als Junge keine Gelegenheit. Zuerst war er Soldat, später musste er 15 Kinder ernähren. Aber vor zwei Jahren starb seine Frau, und Kimani fühlte sich sehr einsam. Er beschloss, Lesen und Schreiben zu lernen. So trägt er nun zum ersten Mal Schuluniform, sitzt – weil er nicht mehr gut hören kann – in der ersten Reihe und hat viel Spaß. „Mir geht es so gut wie lange nicht“, sagt er. Was er später einmal machen will, weiß der alte Kimani auch schon: ein Buch über seine Jugend schreiben.

1 Lest den Text still und tauscht euch darüber aus!

2 Schreibt in Stichpunkten auf, was ihr über den „besonderen Erstklässler“ erfahren habt!

3 Was hätte euch noch interessiert? Schreibt eure Fragen auf!

Ihr könnt auch einen Leserbrief an die Zeitschrift schreiben!

Sachtext lesen und Meinungen dazu austauschen, Informationen aus Sachtext entnehmen und stichpunktartig aufschreiben, Fragen stellen, Leserbrief schreiben

Frankreich

In der ganzen Welt zu Hause

Viel Platz hat Ulysse auf seinem Anhänger nicht. Wenn es ruckelt und schaukelt, muss er sich sogar festhalten, um nicht herunterzufallen. Trotzdem kann sich der achtjährige Franzose kein schöneres Kinderzimmer vorstellen als den engen Fahrradanhänger, in dem er durch 35 Länder gerollt ist. Sechs Jahre lang radelten Ulysse und seine Eltern mit ihrem Tandem-Gespann durch die Welt. Ein Dauer-Abenteuer! „In Afrika versuchten zwei Geparden, meinen Teddy zu stehlen", erzählt er. In Indien sah Ulysse Kinder in Steinbrüchen arbeiten. In Ecuador tanzte er mit Ureinwohnern (kleines Foto). Und überall fand er Freunde. Ulysse will sie unbedingt wiedersehen. Vorerst aber bleibt das Tandem in der Garage. Seine Eltern wollen, dass er in Frankreich zur Schule geht. In die Pedale treten und Lehrer spielen, das ist ihnen auf Dauer doch zu anstrengend.

1 Betrachte das Bild und beschreibe, was du siehst!

2 Lies den Text! Was sagst du zu einem solchen Abenteuer?

3 Suche die Stelle, wo Ulysse *(sprich: Ülliss)* selbst erzählt.

4 Schreibe den Text um:
Ulysse erzählt seiner Klasse in Frankreich von seinen Abenteuern.

In der ganzen Welt zu Hause

Viel Platz hatte ich auf meinem Anhänger nicht.

Wenn es ruckelte und schaukelte, musste ich mich ...

Übung macht den Meister

Wörter mit h nach langem Selbstlaut (Vokal)

die Ehre
die Erfahrung
die Gefahr
die Lehne
der Lehrer
die Lehrerin
der Lohn
die Mühe
die Mühle
die Nähe
die Nahrung
die Ruhe

1 Ein Schildbürger fuhr mit seinem dreißigjährigen Sohn in die Kreisstadt zum Schulmeister und sagte: „Man rühmt deinen Unterricht. Deshalb möchte ich meinen Jungen ein wenig bei dir lassen. Ich bezahle dich auch gut dafür." Als er aber erfuhr, dass der Sohn ein Jahr lang bei ihm etwas lernen sollte, nahm er ihn wieder bei der Hand und rief: „Ein Jahr Zeit ist mir dafür zu schade!"

a) Schildbürger-Geschichten sind lustige Geschichten. An welcher Stelle musstest du schmunzeln? Warum?

b) Übe so mit den unterstrichenen Verben:

Präteritum	*Perfekt*	*Grundform*
er fuhr	*er ist gefahren*	*fahren*
er rühmte	…	…

2 Bilde mit einigen Nomen der Wortleiste Wortfamilien und unterstreiche immer den Wortstamm:
die Ehre, ehren, ehrlich, geehrt
die Ruhe, ruhen, …

Du kannst Wörter ableiten, zum Beispiel: *ruhig,*
oder zusammensetzen, zum Beispiel: *die Nachtruhe.*

Text untersuchen, Infinitiv und Zeitformen der Verben (Präsens, Präteritum), Wortfamilien, abgeleitete und zusammengesetzte Wörter, Rechtschreibgespräch

Wortspielerei Manche Mühlen mahlen mehr Mehl als andere.

3 Schreibe den richtigen Liedanfang auf:
Fuchs, du stiehlst die Gans …
Fuchs, du stahlst die Gans …
Fuchs, du …

stehlen
er stiehlt
er stahl
er hat gestohlen

4 Wann etwas **geschehen** kann:
Jetzt … es.
Gestern ist es …
Letzte Woche … es.
Morgen wird es …

geschehen
es geschieht
es geschah
es ist geschehen
es wird geschehen

Setze alle Zeitformen richtig ein!

5 **a)** Erklärt die Redewendungen:

Man kann die Hand nicht vor Augen sehen.

Ich nehme die Sache selbst in die Hand.

Eine Krähe hackt der anderen kein Auge aus.

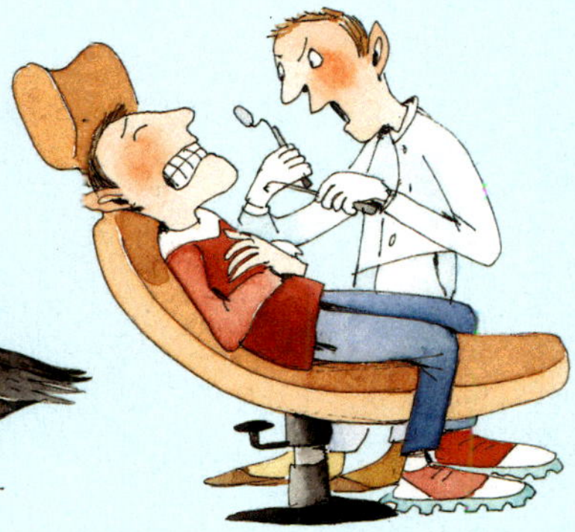

Man muss die Zähne zusammenbeißen.

b) Schreibe alle Wörter mit **h** nach langem Selbstlaut (Vokal) heraus!

6 Bilde mit den Lernwörtern der Wortleiste Zeitangaben:
beinahe eine Stunde lang, ehe …

beinahe
ehe
ungefähr
während
zehn

7 **a)** *ehren, ahnen, ernähren, belohnen, drohen, rühren, bohren, führen, mahnen*
Schreibe zu den Verben verwandte Nomen mit der Nachsilbe **-ung**:
ehren – die Ehrung
ahnen – …

b) Bilde Sätze und verwende die Verben als Prädikat (Satzaussage)!

Schreibe so: *Die Klasse ehrt den besten Sportler.*

Wörter ohne h nach langem Selbstlaut (Vokal)

erholen
klar
quälen
rasen
schälen
scharf
schnüren
schonen
spülen
stören
strömen

damals
denen
gar nicht
zwar

1 **a)** Lies die Verben der Wortleiste und suche die Wörter im Wörterverzeichnis oder Wörterbuch!

b) Schreibe zu jedem Verb ein passendes Nomen auf:
erholen, die Erholung
quälen, die Qual

2 Reime weiter:

die Kur	der Kran	der Wal
der Fl…	der Schw…	der Sch…
die Schn…	der Pl…	das T…
der Laden	das Leben	die Namen
der F…	das B…	die S…
die W…	die R…	sie k…

3 *seltsam, einsam, langsam, grausam, sparsam, erholsam, furchtsam*
Ergänze die Wortgruppen:

ein … Name, eine … Schnecke, ein … Urlaub,
ein … Weg, ein … Film, eine … Frau, ein … Tier

4 Welches Wort passt? Entscheide richtig:

ein Buch … – eine … Nuss	holen – hohl
ein Bild … – das Korn …	malen – mahlen
Freunde, … ich vertraue – den Gummi …	denen – dehnen
meinen … nennen – sie … das Geld	Namen – nahmen
den … im Meer beobachten – die … gewinnen	Wal – Wahl
den … schwenken – vom … aus angeln	Kran – Kahn

5 **a)** Was passt zusammen?

der Kran der Samen der Schal
der Flur die Wolle die Tüte die Sperre
der Fahrer das Paket das Tal die Tür die Schnur

Schreibe so: *der Wollschal, …*

b) Verwende die zusammengesetzten Nomen als Subjekt (Satzgegenstand): *Der Wollschal schützt vor Erkältung.*

Wörter mit V, v

1 Setze **die Vase** im richtigen Fall ein:

Er stellt die Veilchen in … …
(Wohin?)

Die Veilchen stehen nun in … …
(Wo?)

Die Farbe … … passt gut zur Farbe der Blumen.
(Wessen?)

… … steht am Fenster.
(Was?)

die Vase
das Vieh
das Volk
das Vorderrad
die Vorsicht

verbieten
verletzen
versäumen
verteidigen
verwechseln
verzeihen
er verzieh

2 Bildet Nomen aus den Verben der Wortleiste:
verbieten, das Verbot
verletzen, die Verletzung

hervor
vielleicht
vierzig
voran
voraus
vorige

3 Erklärt diese Redewendungen:
Das ist von langer Hand vorbereitet.
Kann ich dich unter vier Augen sprechen?

4 **verlegen sein, etwas verlegen**
Erkläre die Wortbedeutungen:

Willi ist *verlegen*.
Die Familie will ihren Wohnsitz *verlegen*.
Der Verlag wird das Buch *verlegen*.
Opa hat seine Brille *verlegt*.

Zum Üben

Du kannst:
- die Wortgruppen abschreiben,
- mit ausgewählten Wortgruppen Sätze bilden.

ungefähr zehn Zentner Korn mahlen
einen erholsamen Urlaub verleben
sich stets gesund ernähren
eine gefährliche Strömung erkennen
viel Vieh auf die Weide treiben
den Titel verteidigen
eine Mannschaft neu wählen
vielleicht in Gefahr sein
vorige Woche vier Tage versäumt haben
im Straßenverkehr vorsichtig sein
sich nicht verletzen

Für meine Freunde

Interessante Leute und Erfindungen

☆ Die Kinder der Klasse 4a haben interessante Leute ihres Heimatortes befragt. Sie stellen ihre Ergebnisse auf Plakaten vor:

Interview mit einem Hobby-Motorsportler

1. Welchen Motorsport betreiben Sie als Hobby?
   Motocross.
2. Wie lange fahren Sie schon Motocross?
   Seit ich 15 Jahre alt bin.
3. Wie kamen Sie zu diesem Hobby?
   Schon als 12-jähriger Junge habe ich mir ein Moped zusammengebastelt.
4. Welche Maschine fahren Sie jetzt?
   Eine HONDA CR 250.
5. Wie oft trainieren Sie?
   Einmal in der Woche.
6. Ist Motocross nicht gefährlich?
   Nicht gefährlicher als andere Sportarten. Man trägt ja Schutzkleidung.
7. Würden Sie ihre Kinder auch Motocross fahren lassen?
   Ich schon, aber ihre Mutter ist dagegen.
8. Haben Sie schon einmal einen Pokal gewonnen?
   Ja, schon öfter.

☆ Erkundigt euch nach interessanten Personen und bereitet ein **Interview** vor:
- Bittet um einen Termin!
- Überlegt vorher, welche Fragen ihr stellen wollt!
- Wer notiert die Antworten?
- Wo und wie wollt ihr die Ergebnisse der Befragung vorstellen?

☆ Fertigt euch **Quiz-Spielkärtchen** zu Erfindungen an! Nutzt dazu Lexika und das Internet!

Wann und wo gab es die erste Eiscreme?
a) Vor 4000 J. in China
b) vor 2000 J. in Rom
c) vor 100 J. in Neapel

Wann begannen die Menschen mit Messer und Gabel zu essen?

Wo wurde die Glühlampe erfunden?
a) in Deutschland
b) in England
c) in Amerika

Im Frühling

Ist 's auch noch kalt – es liegt im Wind
ein ganz gewisser Duft.
Der Frühling, so erkennt man ihn,
liegt einfach in der Luft.

Eva Rechlin

Wie erkennst du den Frühling?

Frühlingslieder überall

Satzarten

Satzzeichen

1 Im Frühling singt es überall

Die Vögel bauen wieder ihre Nester

Ihre Stimmen hören wir im Wald, im Park,

auf dem Feld, im Garten und in der Stadt

So ein Lärm

Erkennt ihr die fröhlichen Rufer   Hört genau zu

Im Text findest du alle drei Satzarten.
Schreibe die Sätze auf und setze die Satzzeichen!

2 Ordnet jedem Vogel ein treffendes Verb zu!

Amsel, Nachtigall, Lerche, Buchfink, Storch, Meise, Schwalbe, Spatz, Krähe, Elster, Specht, Taube

flöten, singen, trillern, jubilieren, zirpen, klappern, zwitschern, krächzen, schnarren, klopfen, gurren, tschilpen

a) Fragt euch gegenseitig so: *Wer flötet? Wer singt?*

b) Schreibe einige Antworten auf:
Die Amsel flötet. Der Specht klopft.

3 **a)** Ergänze die Satzkerne mit einem Objekt, einer Orts- oder Zeitangabe!

Der Specht | klopft | mit seinem Schnabel .

Die Amsel | flötet | am Morgen | im Fliederbusch .

b) Satzglieder kannst du vertauschen. Probiere: *Im Fliederbusch flötet …*

c) Bilde auch Fragesätze! Was passiert dabei mit dem Verb?

Frühlingsgedichte überall

Die Amsel im Fliederbusch

Die Amsel, die schwarze, sie
reißt auf ihren Schnabel, den gelben.
Im Winter tat sie es nie.

Die Amsel singt von lauter Glück.
Der Fliederbusch kriegt Ohren,
grüne Ohren, tausend Stück.

Josef Guggenmos

1 Robert hat das Gedicht umgeschrieben:

Die Amsel im Fliederbusch

Die schwarze Amsel reißt
ihren gelben Schnabel auf.
Im Winter warteten wir darauf.

Die Amsel singt von lauter Glück.
Der Fliederbusch hört zu und
wächst dabei ein Stück.

a) Was ist in den beiden Gedichten gleich und was ist anders?

b) Welches gefällt dir besser? Begründe deine Meinung!

2 Martin hat ein Haiku dazu gemacht:

Amsel im Flieder	– 5 Silben	keine Wortwiederholung
sie singt vor Freude und Glück	– 7 Silben	
der Busch hört ihr zu	– 5 Silben	

Susi stellt ihr Elfchen vor:

Amsel	– 1 Wort
du schwarze	– 2 Wörter
singe ein Lied	– 3 Wörter
ich höre dir zu	– 4 Wörter
Frühling	– 1 Wort

Schreibe auch ein Frühlingsgedicht!
Entscheide dich für die Form, die dir am besten gefällt!

Wortspielerei
Frühling
Spätling (Herbst)

Übung macht den Meister

Wörter mit ie

biegen
dienen
fliegen
fliehen
kriechen
mieten
probieren
riechen
schmieren
siegen
wiegen

1 Wähle sechs Verben der Wortleiste aus und übe so:

Grundform	2. Person Einzahl	Aufforderungen in Einzahl und Mehrzahl
biegen	*du biegst*	*bieg(e), biegt*
...	*du ...*	...

2 **a)** Bilde von *biegen, fliehen, wiegen, kriechen* die Stammformen (Leitformen)!
Schreibe so: *biegen, bog, gebogen*
fliehen, floh, geflohen

b) Übe auch mit den Verben *fließen, gießen, schießen, schließen*!

3 Frühlingsgeräusche – es singt und klingt
Bilde mit den Verben *tirilieren, jubilieren, piepsen, musizieren* Wortgruppen oder Sätze!
oder:
Frühlingstreiben – alles bewegt sich
Verwende die Verben *fliehen, fliegen, kriechen, stolzieren* und schreibe einen Text!

4 Schreibe die Verben *heißen, laufen, rufen, schlafen, blasen, fallen, stoßen, halten, bleiben, steigen, scheinen, schreiben* untereinander!
Bilde dazu die 3. Person Einzahl, Präteritum:
heißen – er hieß
laufen – er lief

5

Wenn ich durch die Lüfte fliege,
ist 's, als flög ein Blatt dahin.
Aber schön sind meine Flügel,
und nun sag mir, wer ich bin.

Der Baum hat Knospen im April.
Die darfst du niemals rupfen;
denn Blatt und Blüte wachsen still
aus solchen grünen Tupfen.

Wähle aus, welchen Text du abschreiben und gestalten möchtest!

Wörter mit ie; gebeugte Verbformen, Stamm-/Leitformen, Imperativ in Singular/Plural, Rätsel und Spruch als Angebot für schöne Gestaltung

das Beispiel
der Dienst
das Knie
der Krieg
die Miete
neugierig
nie
nieder
niedrig
niemals
niemand
schief
die Schiene
sieben
der Sieger
der Spiegel
der Unterschied
zierlich

6 Wählt Nomen aus der Wortleiste aus und schreibt dazu Wortfamilien!
Überlegt, welche Wortarten in die Wortfamilie passen!
Schreibe so: *der Dienst, …*

7 Teekesselraten

Teekesselwörter:

8 Suche das Wort **nie**!
Schreibe alle verwandten Formen ab!

9 Endlich scheint wieder die Sonne.
Die Weide am Wiesenrand spiegelt sich im Wasser wider.

Suche Beispiele mit **wider** und erkläre sie!

10 **Wer** oder **was** ist *niedrig, neugierig, schief, zierlich?*
Schreibe so: *Das Schilf ist niedrig. – das niedrige Schilf*

Zum Üben

Im Frühling
Auf den Wiesen sprießt das erste Gras. Viele Blumen wiegen sich im Wind. Bienen fliegen umher. Überall können wir den Frühling schon riechen. Störche stolzieren über die Wiese. Neugierig schauen wir zu, wie sie ihr Nest auf einem Dach bauen. Dabei dürfen wir sie niemals stören.
Vielleicht kommen sie im nächsten Jahr wieder.

Für meine Freunde

Boris, Tamara und Julia überlegen, was sie zum Muttertag verschenken wollen.

Boris verschenkt einen **Flaschengarten**.

So wird es gemacht:
1. Erde in ein großes Glas füllen
2. Wurzeln und Blätter der Pflanzen kürzen
3. die größten Pflanzen zuerst einsetzen
4. Erde fest andrücken
5. Pflanzen mit Wasser besprühen und das Gefäß schließen

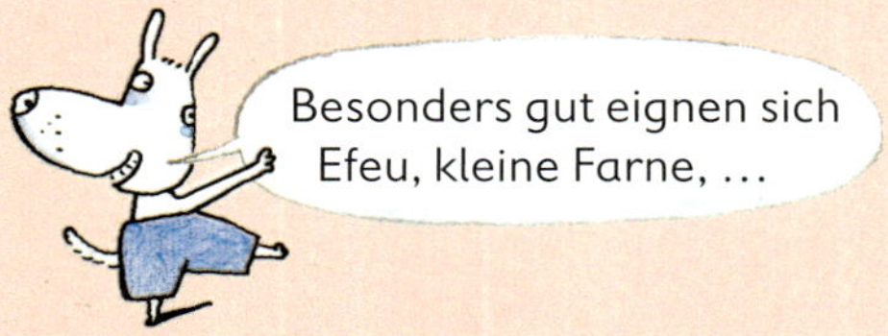

Du möchtest nur die Idee und die Anleitung verschenken?
Formuliere sie als Aufforderung: *1. Fülle Erde in ein großes Glas!*
2. Kürze …

Tamara verschenkt einen Radieschensalat und das **Rezept** gleich dazu.

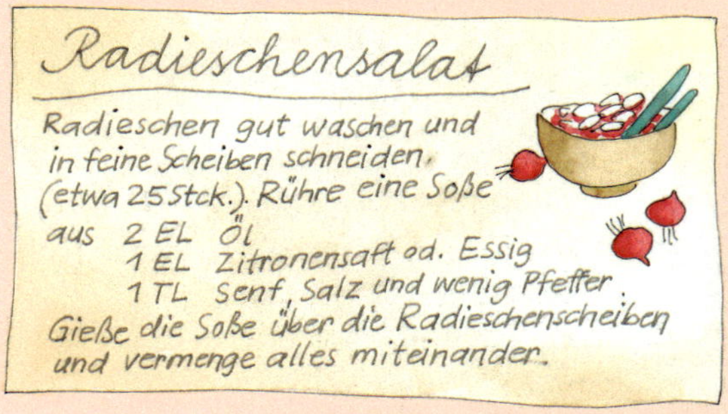
Radieschensalat
Radieschen gut waschen und in feine Scheiben schneiden. (etwa 25 Stck.). Rühre eine Soße aus
2 EL Öl
1 EL Zitronensaft od. Essig
1 TL Senf, Salz und wenig Pfeffer.
Gieße die Soße über die Radieschenscheiben und vermenge alles miteinander.

Julia bastelt **Blüten und Schmetterlinge** als Fensterschmuck, als Girlande, als Faltkarte.

Unsere Welt

Die Milchstraße –
Sie schwebt langsam in Zeitlupe –
wie ein Regenbogen.
Es riecht nach Weltall.
Zauberhaft!

Sergej Biskupski

Was weißt du über das Weltall?
Sprich darüber!

Weltraumforscher

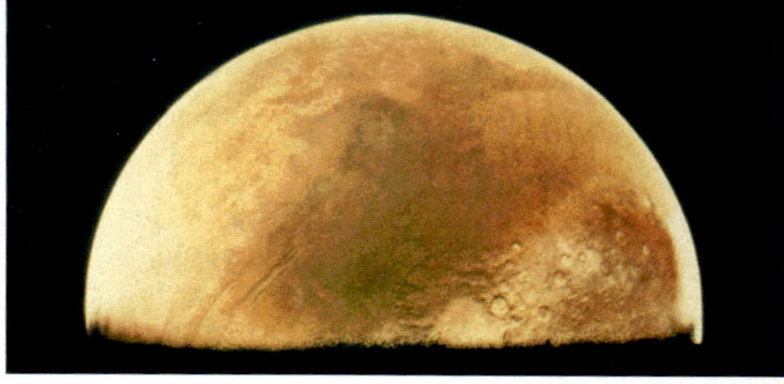

1 Unser Mond und die Nachbarplaneten der Erde, die Venus und der Mars, werden seit vielen Jahren erforscht. Im Jahre 1996 reisten drei Raumsonden zum Planeten Mars. Erst 1997 sendeten sie die ersten Bilder in die Forschungsstation. Der Mars hat eine eisenhaltige rote Oberfläche mit einer rauen und trockenen Landschaft. Während der Entstehungszeit des Planeten schlugen viele Meteoriten ein. Deshalb ist die Marsoberfläche von zahlreichen riesigen Kratern übersät. Auf dem Mars befindet sich ein 27 km hoher Vulkan – der Olympus Mons. Bilder vom Mars zeigen auch ausgetrocknete Flusstäler. Die Wissenschaftler vermuten, dass es früher dort große Flüsse und reißende Ströme gab.

a) Was erfährst du im Text über den Planeten Mars? Notiere dir dazu Stichpunkte!

b) Beschreibe nun mit Hilfe deiner Stichpunkte das Aussehen des Planeten!

2 Lies den Text noch einmal und beantworte die Fragen:
Seit wann werden die Planeten erforscht?
Wann reisten drei Raumsonden zum Mars?
Wann sendeten sie die ersten Bilder zur Erde?
Wann schlugen viele Meteoriten auf dem Planeten ein?
Wann soll es Flüsse und reißende Ströme auf dem Mars gegeben haben?
Wie lange ist es her, seit die drei Raumfahrzeuge zum Mars starteten?

Frage und antworte so:
Seit wann *werden die Planeten erforscht? –* *seit vielen Jahren*

Erinnere dich:

Zeitangaben erfragen wir mit **Wann? Seit wann? Wie lange? Wie oft?**
Die Zeitangaben können auch Präpositionen enthalten, zum Beispiel:
ab, an, bis, seit, von, vor, um, zwischen, zu.

Weltraumwissen

1 Hier sind die Satzglieder durcheinandergeraten:

auf dem Mond | die Astronauten | waren | 300 Stunden

der Pluto | in 250 Jahren | die Sonne | umkreist

am Saturn | die amerikanische Planetensonde „Voyager II“

im Jahre 1981 | flog | vorbei

an Bord des Raumschiffes „Mir“ | am 22. März 1990

schlüpfte | aus dem Ei | ein Küken

eine ringförmige Stadt | es | im Weltraum | im Jahre 3001 | wird | geben

Bildet mit den Satzgliedern sinnvolle Aussagesätze!

2 **a)** Fertige für einen deiner Sätze einen Satzbauplan an!

b) Vergiss die Fragen nicht!
Dein Satz muss nicht alle Satzglieder enthalten.

Satzbauplan

Subjekt ← Prädikat

Wer? oder **Was?**
1. Fall (Nominativ)

Prädikat → Zeitbestimmung
Wann? Wie lange?

Prädikat → Objekt (Ergänzung) im 3. Fall (Dativ)
Wem?

Prädikat → Ortsbestimmung
Wo? Wohin?

Prädikat → Objekt (Ergänzung) im 4. Fall (Akkusativ)
Wen? oder **Was?**

Informiere dich über andere Planeten!
Du kannst auch einen Vortrag darüber halten.

Unsere Welt hat viele Sprachen

Auf unserer Welt werden über 2000 Sprachen gesprochen. Manche sind miteinander verwandt.

1 In welchen Wörtern der verschiedenen Sprachen entdeckst du Ähnlichkeiten?

Deutsch	**Englisch**	**Spanisch**	**Französisch**	**Russisch**	(sprich:)
der Frieden	the peace	la paz	la paix	мир	(mir)
die Sonne	the sun	el sol	le soleil	солнце	(sónze)
der Mond	the moon	la luna	la lune	луна́	(luná)
der Traum	the dream	el sueño	le rêve	сон	(son)
der Wunsch	the wish	el deseo	le désir	желание	(schelánije)

2 Vornamen haben oft eine besondere Bedeutung.

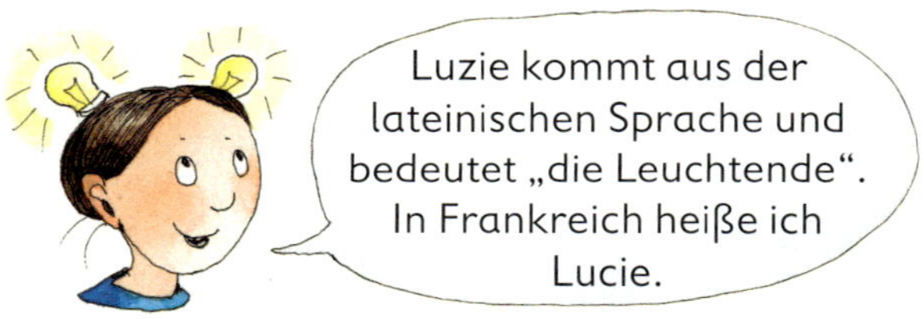

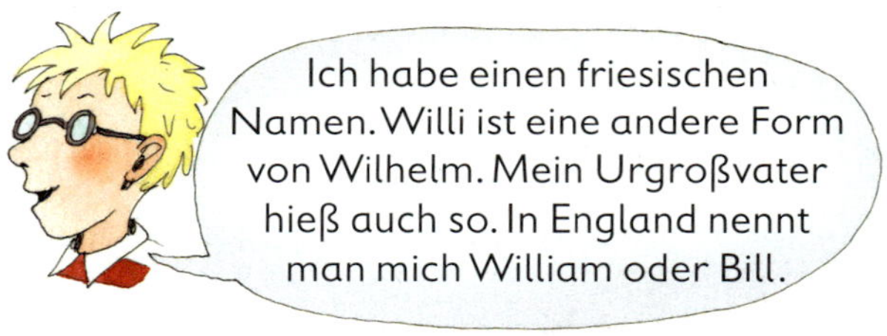

Erforscht, was eure Namen bedeuten und woher sie stammen! Vielleicht könnt ihr auch erfahren, warum ihr so genannt wurdet.

3 Lies und vergleiche die Vornamen in den verschiedenen Sprachen! Welche Gemeinsamkeiten und Unterschiede stellst du fest?

Alexander: griechisch

Αλέξανδρος

Er bedeutet „der Schützer“.

Der Name in anderen Ländern –
England: Alec
Italien: Sandro, Zander
Frankreich: Alexandre
Spanien: Alejandro

Anja: russisch (abgeleitet von Anna)

Аня

Er bedeutet „Gott war gnädig“.

Der Name in anderen Ländern –
England: Anne, Nancy
Niederlande: Antje
Frankreich: Annette, Nanette
Spanien: Anita, Ana

Wörter in verschiedenen Sprachen lesen, Bedeutung der Vornamen erkunden, mit anderen Sprachen vergleichen

4 In der Klasse 4a lernt auch Mai-Ahn (sprich: Mai-Ähn), ein Mädchen aus Vietnam. Paul möchte etwas über ihr Leben in Vietnam erfahren und interviewt Mai-Ahn .

Paul fragt: „Was bedeutet der Name Nguyen Mai-Ahn?“
Mai-Ahn erklärt: „Bei uns in Vietnam nennen wir den Familiennamen zuerst, also Nguyen (sprich: Nüen). Mai bedeutet, dass ich im Mai geboren bin.“
„Wo hast du in Vietnam gelebt?“ , möchte Paul wissen.
Mai-Ahn erzählt: „Wir lebten am Fluss. Unser Holzhaus hatte ein Ziegeldach, und der Fußboden war aus gestampfter Erde. “
Paul fragt interessiert: „Wann begann in Vietnam der Unterricht?“
„Der Unterricht begann um 8 Uhr morgens“ , antwortet Mai-Ahn, „und er dauerte etwa drei Stunden.“ „Was, nur drei Stunden?“ , staunt Paul. „Womit hast du dich denn in deiner vielen Freizeit beschäftigt?“ , fragt er neugierig. „Wenn ich nach Hause kam“ , berichtet Mai-Ahn, „fütterte ich die Hühner und das Schwein. Danach machte ich meine Hausaufgaben und half anschließend im Haus. Am Nachmittag hatte ich Zeit zum Spielen.“ „Vielen Dank für das Interview" , sagt Paul zum Schluss, „ich habe viel Neues erfahren.“

Lege eine Folie auf den Text! Unterstreiche nur das, was Paul und Mai-Ahn sagen!

5 Lest nun das Gespräch mit verteilten Rollen! Ihr könnt es auch spielen.

Erinnere dich:
Die wörtliche Rede steht zwischen zwei Anführungszeichen: **„…“**.

6 Welche Satzzeichen trennen die Begleitsätze von der wörtlichen Rede?

Der Begleitsatz kann **vor**, **zwischen** und **nach** der wörtlichen Rede stehen:
Paul fragt: „Was bedeutet dein Name?“
„Wenn ich nach Hause kam“ , berichtet Mai-Ahn, „fütterte ich die Hühner.“
„Was, nur drei Stunden?“ , staunt Paul .

7 Was möchtest du von einem Kind aus einem anderen Land erfahren? Führe ein Interview!

Übung macht den Meister

Wörter mit ck

1 Wenn du in einer klaren Nacht zum Himmel blickst, siehst du Tausende von Sternen. Sie strahlen unterschiedlich hell. Manchmal entdecken wir eine Sternschnuppe. Das soll Glück bringen.

a) Suche aus dem Text die Verben mit **ck** heraus und trage sie so in eine Tabelle ein! Unterstreiche die Wortstämme:

Grundform	*Personalform*	*3. P. Einzahl, Präteritum*
blicken	*du …*	*er …*

b) Ergänze weitere Verben aus der Wortleiste!

blicken
sich bücken
der Block
entdecken
das Glück
glücklich
hocken
locker
die Lücke
rücken
schlucken
der Schreck
die Strecke
strecken
sich erstrecken
trocken
der Zweck

2 Trenne die Verben *blicken, rücken, strecken, schlucken, hocken*! Schreibe so: *bli-cken, er blick-te, …*

3 Welche Nomen sind mit den Verben verwandt?

strecken	– die Strecke	schlucken	– der …, der …
bezwecken	– der …	bücken	– der Bückl…
hocken	– der …, die …	packen	– das …

4 Immer ein Nomen aus der Wortleiste ist das Brückenwort:

BLOCK
ZEICHEN  HAUS

LOTTO  SPIEL

GESPENSTER 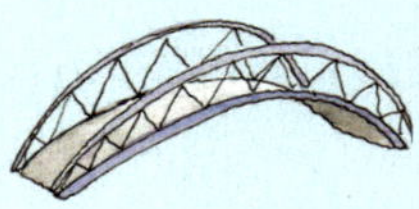 SEKUNDE

BAHN  FÜHRUNG

ZAHN 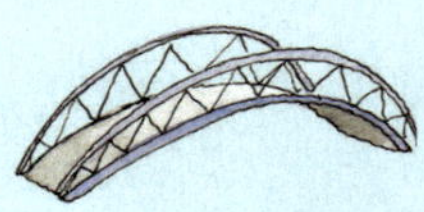 FÜLLER

5 Wie heißt das Gegenteil?
nass – tr…,
fest – lo…,
glücklich – un…

Wörter mit ck; Verben im Präteritum, Silbentrennung; Gegensatzpaare bei Adjektiven, verwandte und zusammengesetzte Nomen, Wortbrücken

Wörter mit tz und z

1 Wie sieht der Alltag eines Astronauten aus?
- sich mit dem Raumanzug vor der Hitze schützen
- sich mit der essbaren Zahncreme die Zähne putzen
- mit den warmen Stiefeln der Kälte trotzen
- die Freizeit zum Körpertraining nutzen
- Spezialhandschuhe tragen, um sich bei der Arbeit im All nicht zu verletzen

Schreibe Aussagesätze:
Er schützt sich mit dem …

die Hitze
jetzt
nutzen
nützen
nützlich
plötzlich
schützen
schwitzen
trotzdem
trotzen
verletzen

2 Reime weiter:

du schwitzt	er nutzt	er schützt	sie verletzt sich
du spr…	er p…	es n…	sie s… sich

3 **a)** Ordne die Wörter zu Wortfamilien:
schützen, verletzen, schutzlos, er verletzte sich, der Trotz, trotzdem, geschützt, trotzig, die Verletzung, der Schutz, verletzlich, beschützen, trotzen

b) Welche Wörter lassen sich trennen?
Schreibe so: *schüt-zen, ver-let-zen, …*

4 Was kann überraschend passieren?
Schreibe kurze Sätze mit dem Wort **plötzlich**!

5 *die Heizung, anheizen, das Heizkissen*
im Winter die … anstellen,
den Kamin mit Holz …,
sich auf ein … legen

Ergänze die Wortgruppen und unterstreiche immer den Wortstamm!

der Arzt
ergänzen
die Grenze
heizen
der Kranz
das Kreuz
der Pelz
schmelzen
der Schmerz
schmerzen
stolz
stürzen
die Wurzel

6 Schreibe zu den Verben
kreuzen, grenzen, stürzen, verarzten, schmerzen
verwandte Nomen auf!

7 Was bedeutet *ankreuzen, durchkreuzen, aufkreuzen*?
Schreibe passende Sätze!

Für meine Freunde

Das Geheimnis der Schrift

Seit 6000 Jahren besteht die chinesische Schrift aus kleinen Bildern, die sich im Laufe der Zeit verändert haben. Was fällt dir auf?

Bilderwörter

Würden wir wie die alten Ägypter schreiben, dann müssten wir das Wort *Wasserhahn* so darstellen:

Errate die Wörter und erfinde eigene:

Ein Comic ist eine **Bildgeschichte** mit einer besonderen Sprache. Weißt du, was zu dieser Sprache dazugehört? Schau in den Bildern nach:

Malt selbst Comics und tauscht sie untereinander aus!

Mit Medien leben

Du mein allerliebster guter
Personal-Computer:
siehst so klug aus, bist so schnell,
und dein Bildschirm leuchtet hell,
summst so friedlich,
druckst so niedlich
mir dein ganzes Wissen aus –
bist der Größte hier im Haus!
Du mein allerliebster guter
Personal-Computer:
bist so freundlich, leicht zu tasten,
hast so furchtbar viel im Kasten.
Immer hast du für mich Zeit,
drum verzeihe meine Ehrlichkeit:
Eines macht mir doch Verdruss –
dass ich selber denken muss …

Harald Braem

Äußere dich zu den letzten beiden Zeilen des Gedichtes!

! Pixelgröße ändern!

grob mittel fein

Was so alles in der Zeitung steht

Es gibt eine große Auswahl an Zeitungen und Zeitschriften.

1 **a)** Welche Zeitungen und Zeitschriften kennst du?

b) Für welche Leser sind sie gedacht?

c) Bringt Zeitungen und Zeitschriften mit, die ihr lest. Stellt sie der Klasse vor und sagt, warum ihr sie gern lest.

In deiner Familie oder in deinem Bekanntenkreis lesen sicher viele Menschen regelmäßig eine Zeitung oder eine Zeitschrift.

2 **a)** Befrage zwei oder drei Personen und schreibe die Ergebnisse auf!

- Welche Zeitungen/Zeitschriften liest du regelmäßig?
- Warum liest du sie?
- Wie lange liest du täglich in Zeitungen/Zeitschriften?
- Wie viel Geld gibst du dafür aus?
- …

b) Stellt die Ergebnisse der Interviews vor und sprecht darüber!

Sich über vielfältige Presseerzeugnisse informieren, diese sammeln und vorstellen, kleines Interview durchführen, Ergebnisse präsentieren

Jeden Tag – die Tageszeitung

Ich lese gern die **Regionalseite**. Da kenne ich manches.

Ich suche immer zuerst die **Sportseite**.

Ich lese gern die **Anzeigen**.

Mich interessiert, was auf der Welt **Seltsames** passiert ist.

Ich lese am liebsten die **Witze**.

Ich studiere den **Wetterbericht**.

Ich gucke mir die **Werbung** an.

3 a) Untersucht eine Tageszeitung genauer!
Aus welchen Teilen besteht sie? Diese Teile heißen **Rubriken**.

b) Welche Rubriken interessieren dich?

Unter der Rubrik Brandenburg stand in der Märkischen Oderzeitung dieser Artikel:

Kinder ab 4 Jahren müssen zahlen

Eberswalde zieht angesichts massiver Zoo-Schäden die Notbremse

Eberswalde (ms) Für Kinder ab vier Jahren ist der Besuch in den Eberswalder Zoo nicht mehr kostenlos. Das haben die Stadtverordneten am Donnerstagabend beschlossen. Bisher hatten Besucher bis zu sechs Jahren freien Eintritt.

Als sich Zoochef Bernd Hensch diese Regelung 2003 vom Stadtparlament absegnen ließ, hatte er offenbar nicht mit den Folgen gerechnet. „Dass es im Eberswalder Zoo für Kindergartenkinder freien Eintritt gibt, hat sich schnell herumgesprochen. Im vergangenen Jahr kamen ganze Scharen von Bussen aus Berlin und ganz Brandenburg angerollt“, sagt er. Der Besucherandrang hatte nicht nur positive Seiten. Weil sich in den meisten Fällen gleich mehrere Kindergruppen die Klinke in die Hand gaben, blieb die Aufsicht auf der Strecke. Schäden zeigten sich nicht nur in den Toilettenanlagen und auf den Grünflächen, selbst die Tiere hatten unter dem ungezügelten Besucherstrom zu leiden. „Unsere kleinen Ziegen und Lämmer im Streichelzoo zum Beispiel wurden mit Rhododendronzweigen gefüttert. Diese Pflanze ist giftig. Die Tiere sind erkrankt“, sagt Hensch. Noch schlimmer endete der Zoobesuch einer Berliner Gruppe vor drei Wochen. In das Becken des Urwaldhauses wurden mehrere Flaschen Cola geleert. „Das hat kein Fisch überlebt“, so der Zoochef.

Die Stadt zog die Konsequenzen. Kinder ab vier Jahre zahlen für die Tageskarte jetzt drei Euro. Für Gruppen gibt es weiterhin Rabatt.

Foto: Burckhardt/GMD

4 a) Lest den Artikel und tauscht euch darüber aus!

b) Warum stand dieser Artikel in der Tageszeitung?

☆ Vielleicht könnt ihr einmal die Redaktion einer Tageszeitung besuchen. Sammelt vorher eure Fragen!

Eine Klassenzeitung soll entstehen

Anregungen holen

Um Anregungen für eine Klassenzeitung zu bekommen, sehen sich die Kinder der Klasse 4a zuerst Schüler- und Klassenzeitungen von älteren Geschwistern und Freunden an.

Jenny hat noch eine andere Idee:
„Wir können auch im Internet suchen.“
Sie zeigt den anderen, wie das geht:

Internet
Suchmaschine
Homepage
Button
Link
surfen

- Gib folgende Internetadresse ein:
www.Blinde-Kuh.de

- Drücke auf die Eingabetaste!
Nach kurzer Zeit erscheint die **Homepage** (Startseite) der Suchmaschine – **Die Blinde Kuh**.

- Gib in das Eingabefeld den **Suchbegriff** ein: Schülerzeitung
- Klicke auf den **Button** (Knopf) Suchen .
- Die Liste der Suchergebnisse schlägt dir **Links** (Verbindungen) zu verschiedenen Schülerzeitungen vor. Suche eine Zeitung aus und klicke sie an!

1 Ihr könnt auch eine eigene Klassenzeitung gestalten.
Notiert euch in Stichworten Anregungen und Ideen!

Einführung Internetrecherche, nach Anleitung handeln, Ideen in Stichworten notieren, Fachbegriffe aus dem Internet

Planen

Wie soll die Zeitung heißen?

Die Kinder haben sich viele gute Anregungen geholt und können jetzt mit der Arbeit beginnen. Zuerst einigen sie sich auf einen Namen der Zeitung:

2 Und wie soll eure Zeitung heißen?
Schreibt eure Vorschläge auf!
Welcher Titel gefällt euch allen am besten?

Was soll in der Zeitung stehen?

Diese Themen wählen die Kinder aus:

- Tipps für Computerspiele
- Kinder aus unserer Klasse
- Witze und Rätsel
- Klassenfoto
- Klassenfahrt
- Etwas über unser Indianer-Projekt
- Interview mit der Lehrerin

3 Schreibt eure eigenen Vorschläge auch auf Kärtchen, heftet sie an die Tafel und sprecht darüber!

Wer macht was bis wann?

Was?	Wer?	Bis wann?
Berichte aus den AGs	Tobias, Nora, Laura	bis in 2 Wochen (Montag)
Klassenfahrt	Anne, Stefan	
Interview mit unserer Lehrerin	Frank, Katrin (Fotos)	

4 Plant die Arbeit an eurer Klassenzeitung wie im Beispiel!

Redaktionskonferenz

In der Redaktionskonferenz werden alle Beiträge beraten. Heute geht es um Roberts Beitrag. Robert ist Mitglied der Musik-AG.

Wir haben für alte Leute gesungen. Die haben sich so gefreut.
Sie haben uns Ostereier geschenkt. Wir haben auch getanzt.
Leider hatte ich Hunger.
Robert

5 Fühlst du dich durch den Text gut informiert?
Begründe deine Meinung!

Bevor Robert seinen Text überarbeitet, macht er sich Stichpunkte:

Wer?	wir, die Kinder der Musik-AG
Wann?	an einem Nachmittag kurz vor Ostern
Wo?	im Seniorenheim Marienstift
Was?	Konzert für die Heimbewohner, Frühlingslieder, Tanz mit Bändern, Schokolade
Überschrift	Ein Auftritt im Seniorenheim

6 Überarbeite Roberts Bericht! Berücksichtige dabei die Fragen und Vorschläge der Kinder!

Wenn wir über ein Ereignis **berichten**, wollen wir die Leser informieren.
Berichte antworten auf die Fragen:
Was geschah? **Wer** war beteiligt? **Wann** geschah es? **Wo** geschah es?
Die Verben stehen im **Präteritum,** denn das Ereignis ist schon vorbei.

7 Berichte über ein Ereignis, das für die Leser eurer Klassenzeitung interessant sein könnte, zum Beispiel:
Klassenausflug, Unfall auf dem Schulweg, Sportfest, …
Mach dir vorher Stichpunkte!

8 Besprecht alle fertigen Texte für die Klassenzeitung in eurer Redaktionskonferenz:
- Verstehst du alles?
- Stimmt die Reihenfolge?
- Passen die verwendeten Wörter und Ausdrücke?
- Ist alles richtig geschrieben?
- Ist die Überschrift passend und interessant?

Gestaltung

Alle Texte, Fotos und Zeichnungen liegen vor. Die Kinder überlegen nun, wie sie die einzelnen Seiten ihrer Zeitung gestalten wollen: wo die Texte und die Bilder stehen sollen.

Schlagzeile
Bildunterschrift
Spalten
Seitenzahlen
Titelseite

Schlagzeile →

Wattwanderung zum Leuchtturm

Rahmen →

Text in Spalten →

Am dritten Tag unserer Klassenfahrt unternahmen wir eine Wanderung durch das Watt zum Leuchtturm. Wir mussten schon um 7.00 Uhr los, vor dem Frühstück! Deshalb nahmen wir Proviant mit. Unser Wattführer hieß Herr Jansen. Wenn man sich nicht auskennt, darf man nämlich nicht allein ins Watt gehen. Das ist gefährlich, weil irgendwann die Flut kommt. Außerdem gibt es plötzlich tiefe Gräben, die Priele. Wir liefen alle barfuß. Julia ekelte sich vor den Wattwürmern. Ansonsten hatten wir unterwegs viel Spaß. Martin fand es allerdings nicht so lustig. Zuerst rutschte er auf einer glitschigen Stelle aus. Später trat er dann noch auf eine Strandkrabbe, die ihn in den großen Zeh biss. Nach etwa einer Stunde kamen wir beim Leuchtturm an.

← *Foto*

Leuchtturm ← *Bildunterschrift*

Da frühstückten wir erst einmal. Danach durften wir alle die enge Turmtreppe hochsteigen. Von oben glänzte das Watt schön in der Sonne. Dann ging es wieder zurück in die Jugendherberge. Unterwegs sammelten wir noch Muscheln. Frank fand die meisten, aber die von Anna waren bunter. Es war eine schöne Wanderung.

Tanja, Lars, Katja ← *Autoren*

Die **Schlagzeile** (Hauptüberschrift) muss groß sein.

Wo soll denn das **Foto** hin?

Wir sollten noch einen schönen **Rahmen** auswählen.

Probier auch mal eine **andere Schrift** aus!

Ich mache das ohne Computer. Auf einem leeren Blatt schiebe ich die Bilder und Texte so lange hin und her, bis die Seite gut aussieht.

Wenn wir den Text in zwei **Spalten** schreiben, ist er leichter lesbar.

Aber nur, wenn wir nicht zu viele Wörter trennen.

9 Nun gestaltet eure eigenen Zeitungsseiten und stellt sie zusammen!

Seitenzahlen nicht vergessen!

Fachbegriffe: Zeitungswesen, Endredaktion zum Layout, Text- und Seitengestaltung mit dem Computer und per Hand

Übung macht den Meister

Wörter mit Nachsilben

Ich: Träumer**isch**, träge, schlafmütz**ig**, faul.
Und **ich**: Ruhelos, neugier..., hellwach, betriebsam.
Und **ich**: Kleingläub..., feige, zweifler..., hasenherz...
Und **ich**: Unverblümt, frech, tapfer, gar mut...
Und **ich**: Mitfühlend, zärt..., hilfsbereit, beschützend.
Und **ich**: Laun..., gleichgült..., einsilb..., eigenbrötler...
Erst wir alle zusammen sind **ich**.

Hans Manz

artig
billig
deutlich
ehrlich
eifrig
einig
endlich
häufig
hoffentlich
mutig
neugierig
ordentlich
ruhig
die Sammlung
sechzig
die Spannung
staubig
traurig
wichtig
wirklich

1 **a)** Ergänze in dem Gedicht die Nachsilben **-ig, -lich, -isch**!

b) Mit welchen Wörtern sind die Adjektive verwandt?
Schreibe so: *träumerisch – der Traum ...*

c) Wie ich noch sein kann.
Schreibe abgeleiteteAdjektive:
der Eifer – eifrig,
die Ehre – ...
die Ruhe, die Ordnung, die Trauer

2 Steigere die Adjektive *gut, dick, billig, bunt, witzig, interessant, wichtig*!
Schreibe so: *gut, besser, am besten, ...*

3 Denkt euch Werbesprüche für eure Zeitung aus!
Verwendet dabei aus Aufgabe 2 Adjektive in den Steigerungsstufen oder andere Adjektive!

4 Was ihr für eure Klassenzeitung alles tun müsst:
sammeln, abstimmen, beschreiben, abbilden, werben, entscheiden, beobachten, binden

Bilde aus den Verben Nomen mit der Nachsilbe **-ung**: *sammeln – die Sammlung, ...*

5 Rätsel und Späße für eure Zeitung

a) Suche immer ein Nomen mit der Nachsilbe **-nis**:
1. Lösung bei einer Rechenaufgabe (2. Buchstabe)
2. Haftanstalt (4. Buchstabe)
3. Dunkelheit (5. Buchstabe)
4. Beurteilung am Ende des Schuljahres (7. Buchstabe)
5. Abenteuer (1. und 3. Buchstabe)

R	e	t	s	e	l
2	4	5	7	1	3

Schreibe die gesuchten Wörter untereinander!
Unterstreiche die angegebenen Buchstaben! So erhältst du das Lösungswort.

b) Bilde von den Nomen auf **-nis** die Mehrzahl (den Plural)!

6 Gute Entschuldigungsgründe erhältst du, wenn du Nomen mit den Nachsilben **-heit** oder **-keit** aus den Adjektiven *dumm, gesund, eitel, schläfrig, faul, dunkel, vergesslich, verliebt* bildest: *faul – die Faulheit*

> *Entschuldigung* *1. April*
> *Liebe Frau Bach,*
> *meine Tochter Clara konnte heute wegen ______ die Schule leider nicht besuchen.*
> *Mit freundlichen Grüßen*

> Wörter auf **-nis**, **-ung**, **-heit** und **-keit** sind Nomen. Sie werden großgeschrieben und können einen Artikel (Begleiter) haben.

7 Sehr witzig!
Sagt ein Fisch zum anderen Leihst du mir mal deinen Kamm?
Sagt der andere Das könnte dir so passen wo du so viele Schuppen hast

Ein Mann mit drei Haaren geht zum Friseur.
Wie hätten Sie es denn gerne, fragt der Friseur.
Ganz einfach, antwortet der Kunde, eins rechts, eins links und den Rest wild durcheinander.

Schreibe die Witze ab und ergänze die fehlenden Satzzeichen!

Zum Üben	Ein Zeugnis für unsere Lehrerin Frau Bach ist stets lustig. Sie unterrichtet uns, die wirklich artigen Kinder der 4a, mit Begeisterung und Fröhlichkeit. Unterhaltungen über unsere Geheimnisse verfolgt sie neugierig und mit Spannung. Frau Bach muss noch lernen, an der Tafel deutlicher zu schreiben. Auch die Ordnung auf ihrem Tisch lässt häufig zu wünschen übrig. Trotzdem werden wir sie in guter Erinnerung behalten.

Für meine Freunde

Ideen für die Klassenzeitung

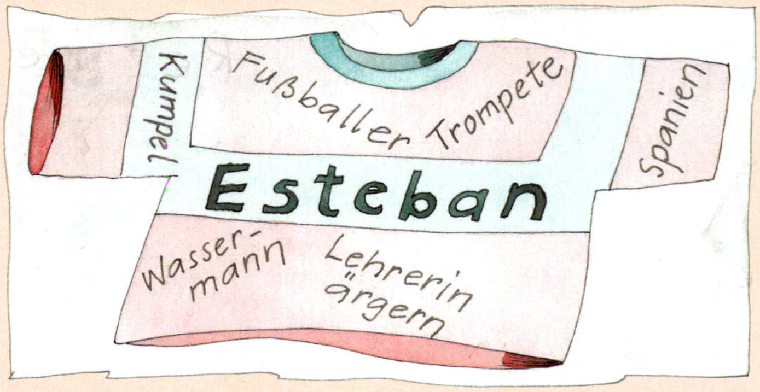

☆ Gestalte einen Steckbrief von einem Kind deiner Klasse! Du kannst etwas über Hobbys und Vorlieben, besondere Eigenschaften, den Berufswunsch, über nette Ticks, gemeinsame Erinnerungen, … schreiben.

☆ Du möchtest deinen Freunden dein Lieblingsvideo, ein Computerspiel, eine Kinderzeitschrift oder andere Medien, die dir besonders gefallen, vorstellen. Schreibe dafür einen Steckbrief!

CD-ROM

Für Pferdenarren

Kennt ihr euch aus in Sachen Pferde? Mit dieser neuen Pferde-CD-ROM könnt ihr euch so richtig austoben! Tausend Quizfragen und Antworten bringen selbst Kenner ins Schwitzen. Jede Menge Erklärungen, Fotos, Zeichnungen und ein Pferdelexikon vermitteln Wissenswertes und Witziges zu Themen wie Pferderassen, Haltung, Pflege, Pferdesport, Ausbildung. Wer will, kann Pferde einfangen, Hindernis-Rennen bewältigen oder ein verrücktes Puzzle wieder zusammenstellen.

CD-ROM

Der kleine Vampir

Wer will mit dem „Kleinen Vampir" per PC Freundschaft knüpfen? Mit kniffligen Rätselaufgaben und Geschicklichkeitsspielen rund um Vampir-Jäger Geiermeier, Familie Schlotterstein und mit Rüdiger und Tony? Passend zur Buchserie und zum großen Kinofilm gibt es nun auch eine CD-ROM. Klug und spannend!

Quiz

„Warum heißt der Euro Euro?"

Über 400 Fragen und Antworten zum Thema rund ums Geld! Ein spannendes Quiz mit Maus, Ente und Elefant für 1, 2 oder mehrere Spieler – für Schule, Familie und Freizeit! Wer schafft es, als Erster zehn Maus-Euros zu gewinnen?

Für Krimiliebhaber und Gruselfans

Es lacht die Nachtalp-Henne,
es weint die Windhorn-Gans,
es bläst der schwarze Senne
zum Tanz.

Ein Uhu-Tauber turtelt
nach seiner Uhuin.
Ein kleiner Sechs-Elf hurtelt
von Busch zu Busch dahin …

Und Wiedergänger gehen,
und Raben rufen kolk,
und aus den Teichen sehen
die Fingur und ihr Volk …

Christian Morgenstern

Tragt das Gedicht vor und gestaltet es mit Geräuschen!

Gruselgeschichten erfinden

Das Spenst

Es war einmal ein Spenst. Das flog und spensterte durch die Nacht und erschreckte die Leute. Einmal kam es in ein Haus, da wohnten viele Kinder, die wollte das Spenst erschrecken. Und es klirrte und rasselte so recht nach Spensterart und machte laut „ha-ha“ und „ho-ho“ und „hä-hä“. Die Kinder aber wollten schlafen. Sie kamen aus ihren Zimmern und riefen: „Geh fort, du Spenst, los, raus hier!“ Das Spenst gab sich richtig Mühe und schnarrte laut und dröhnend: „Ho-ho“ und „hu-hu“ und „hä-hä“, aber es half nichts. Die Kinder riefen: „Geh fort, du Spenst!“ So musste das Spenst also gehen.
Und weil inzwischen beinahe keiner mehr Angst vor Spenstern hat und jeder ruft: „Geh, geh, Spenst!“ – deswegen heißt es jetzt nur noch Ge-Spenst.

Das ist natürlich nur eine erfundene Geschichte. In Wirklichkeit gehört das Wort Gespenst nicht zur Wortfamilie von *gehen*.

1 Spielt die Geschichte vom Spenst!

2 Erzähle zu den Bildern eine Gespenstergeschichte! Denke dir einen Schluss aus! Die Wortleiste hilft dir dabei.

unheimliche Geräusche
es lief ihm kalt den Rücken hinunter
plötzlich
starr vor Angst
im nächsten Augenblick

Emil und die Detektive – ein Miniprojekt

Eine bekannte Detektivgeschichte ist das Kinderbuch „Emil und die Detektive“ von Erich Kästner. Emil fährt mit dem Zug nach Berlin zu seiner Großmutter. Er hat viel Geld für sie dabei, auf das er gut aufpassen soll.

Als er aufwachte, setzte sich die Bahn eben wieder in Bewegung. Da hockte er nun in der Eisenbahn und hatte fast vergessen, wo er war. Dann fiel es ihm, portionsweise, wieder ein. Richtig, er fuhr nach Berlin. Und war eingeschlafen. Genau wie der Herr im steifen Hut ... Emil setzte sich mit einem Ruck bolzengerade und flüsterte: „Er ist ja fort!“ Die Knie zitterten ihm. Jetzt war die nächste Frage: Ist das Geld noch da? Und vor dieser Frage hatte er eine unbeschreibliche Angst. Natürlich konnte alles in Ordnung sein. Und das Geld war gewiss noch an Ort und Stelle. Erstens steckte es in der Tasche. Zweitens steckte es im Briefumschlag. Und drittens war es mit einer Nadel am Futter befestigt. Also griff er sich langsam in die rechte innere Tasche. Die Tasche war leer! Das Geld war fort!

1 a) Lest den Text und erzählt, was Emil passiert ist!

b) Wie hatte Emil sein Geld schützen wollen?

2 Emil weinte.
Welche Gedanken gingen ihm durch den Kopf?

3 In Berlin angekommen, nimmt Emil die Verfolgung auf. Als er den Dieb in einem Café beobachtet, erschreckt ihn plötzlich ein lautes Hupen. Neben ihm steht ein Junge.

Der Junge fragte: „Spielst du hier Verstecken?“
„Nein“, sagte Emil, „ich beobachte einen Dieb.“
„Was, ich verstehe fortwährend Dieb“, meinte der andre Junge, „wen hat er denn beklaut?“

„Mich!“, sagte Emil und war direkt stolz darauf.
„In der Eisenbahn, während ich schlief.
Hundertvierzig Mark. Die sollte ich meiner Großmutter hier in Berlin geben. Dann ist er in ein anderes Abteil geturnt und am Bahnhof Zoo ausgestiegen. Ich natürlich hinterher, kannst du dir denken. Dann auf die Straßenbahn.
Und jetzt sitzt er drüben im Cafe, mit seinem steifen Hut, und ist guter Laune.“

Wie ist Emil jetzt zu Mute? Woran erkennst du es?

4 Gustav will ihm helfen und hupt seine Freunde zusammen.
So spricht er zu ihnen:

„Also, meine Herrschaften!
Das hier ist Emil aus Neustadt.
Das andre hab ich euch schon erzählt.
Dort drüben sitzt der Schweinehund, der ihm das Geld geklaut hat. Der rechts an der Kante, mit der schwarzen Melone auf dem Dach.
Wenn wir den Bruder entwischen lassen, nennen wir uns ab morgen alle nur noch Moritz. Verstanden?“ „Aber Gustav, den kriegen wir doch!“, sagte ein Junge mit einer Hornbrille.

a) Was fällt euch an Gustavs Redeweise auf?

b) Versetzt euch in die Lage der Kinder! Was werden sie tun?

5 Am nächsten Morgen jagen die Kinder den Dieb.
Sie umzingeln und bedrängen ihn.
Er flüchtet in eine Bank.

Wenn ihr noch einmal den Anfang der Geschichte auf Seite 111 lest, könnt ihr beweisen, dass es tatsächlich Emils Geld ist.

Lest beide Textstellen und schreibt den Beweis auf!

Wenn ihr wissen wollt,
wie es genau weitergeht,
müsst ihr das Buch lesen oder
das Video ausleihen.

6 Noch einige Wochen später, nachdem Emil und die Detektive den Dieb überführt hatten, beschäftigte diese Geschichte viele Leute:

- Emils Oma erzählte stolz ihren Freundinnen beim Kaffeekränzchen von Emils mutiger Tat.
- Emil wurde in der Schule immer wieder gelobt und von seinen Mitschülern gebeten, die Geschichte zu erzählen.
- Herr Grundeis, der Dieb, musste sich vor Gericht verantworten.

Sucht euch eine Situation aus und spielt sie vor! Überlegt vorher, welche Gefühle die Personen haben, wenn sie sich an die Geschichte erinnern!

7 Ereignisse werden häufig auch aufgeschrieben.

Ein Journalist schrieb diesen Zeitungsbericht:

Schüler jagten Verbrecher
BERLIN: Einer Gruppe Jugendlicher aus Berlin ist es zu verdanken, dass ein lange gesuchter Dieb gefasst werden konnte. Emil T. aus Neustadt wurde während der Zugfahrt nach Berlin im Schlaf von einem Trickdieb bestohlen …

Pony Hütchen, Emils Kusine, schrieb in ihr Tagebuch:

Liebes Tagebuch,
was in den letzten Tagen passiert ist, ist einfach sensationell. Mein Cousin Emil kam aus Neustadt zu Besuch. Er hatte Geld für Großmutter dabei. Das Geld hatte er vorsichtshalber mit einer Sicherheitsnadel festgesteckt. Als er im Zug einschlief, …

8 Schreibe Emils Geschichte auf! Entscheide dich für eine Textsorte! Stelle deinen Text in der Klasse vor!

Textsorten:
Zeitungsartikel
Interview
Brief
Tagebucheintragung

Durch genaues Lesen der Textstellen den Fall lösen, aus der Sicht verschiedener Personen Emils Erlebnis erzählen und spielen, verschiedene Textsorten aufschreiben

Sprachspiele für Spürnasen

1 **a)** Was bedeuten die Redewendungen auf den Bildern wirklich?

b) Erklärt die folgenden Redewendungen:

Ich könnte aus der Haut fahren. Rutsch mir den Buckel runter!

Willst du mir einen Bären aufbinden? Eine Hand wäscht die andere.

c) Findet dazu lustige Antworten wie in Aufgabe 1! Ihr könnt es auch spielen.

Hier sind ein paar Sprichwörter durcheinandergeraten. Ordne sie:

Steter Tropfen	gedeihet nicht.
Frisch gewagt	ist nicht aufgehoben.
Aufgeschoben	höhlt den Stein.
Unrecht Gut	muss fröhlich sein.
Wer schaffen will,	ist halb gewonnen.
Wie gewonnen,	beißen nicht.
Hunde, die bellen,	so zerronnen.

2 Welche Begriffe werden hier im Bild dargestellt?

3 Unglücksrabe, Bücherwurm, Faulpelz, Langfinger, Aufschneider, Schlangenmensch, Wortverdreher
Wähle dir einen Begriff aus und male ihn! Lass ihn erraten!

4 Münchens mehrfache Meisterköchin Maria Mistelbacher mästete mutige Malereistudenten märchenhaft mit Masthuhn, magenstärkender Marksuppe, mustergültiger Mehlspeise, machte mandelgespickte Makronen mit mehreren Mirabellen.

a) Was ist an dieser Geschichte außergewöhnlich?

b) Wähle dir einen Anfang aus und schreibe eine eigene Geschichte:

Elf **e**chte **E**delelefanten … **A**m **a**chten **A**ugust **a**bends …

Die **d**icke **D**ackeldame **D**anni … **S**ieben **s**iebzigjährige **S**änger …

5 Im Zoo von Sonderhausen gibt es seltsame Tiere:
Kamelefanten, Affente, Dinosterhasen, Krokodigel
Am liebsten essen sie Bananas und Apfeldsalat.

Schreibe auf, welche Tiere und Früchte sich in den Wörtern versteckt haben!

6 Was fällt dir an den Wörtern auf?
Otto rar Anna Omo Hannah

Kennst du noch andere Beispiele?

7 Immer zwei Wörter kannst du von vorn und von hinten lesen:
die Eis trug alle **Gras** ein Beil Lager **Eid** Tor
nie Ella **Sarg** lieb sie rot Regal Gurt
Finde sie heraus und schreibe so: *die – Eid, Sarg – Gras, …*

8 Etwas stimmt hier nicht!

Kuh, Ochse, Hahn, Drahtesel, Ziege, Schaf

Walnuss, Haselnuss, Kopfnuss, Pekanuss

Erdbeeren, Blaubeeren, Himbeeren, Braunbären

Nenne ein Wort, das wieder zu den Wörtern in der Reihe passt!

9 *Kleidung, Möbel, Spielwaren, Hobbys, Lebensmittel*

Wählt davon einen **Oberbegriff** aus und schreibt: *Kleidung: Hose, Jacke, …*
Wem fallen in fünf Minuten die meisten Wörter zu einem **Oberbegriff** ein?

Übung macht den Meister

Wörter mit chs, cks, ks, x, qu

1 Wer andern eine Grube gräbt – ein Waldkrimi
Eines Abends, kurz nach … Uhr, schlich sich der Wilddieb in den Wald. Er wollte schauen, ob sich in seiner Falle ein Tier, vielleicht ein … oder ein … verfangen hatte. Weil er noch nichts gegessen hatte, nahm er eine … voller … mit. An einer Stelle, an der der Wald mit Sträuchern be… war, holte er seine … heraus und schlug sich den Weg frei. Sollte er nach … oder nach rechts gehen? Kurze Zeit später hörte man einen lauten Schrei. Was war passiert? Der Wilddieb hatte den Weg … und war in seine eigene Falle geraten. Er schrie wie am Spieß, denn er hatte sich den Fuß … .

Ergänze den Text mit passenden Wörtern aus der Wortleiste!

die Achse
die Axt
der Boxer
die Büchse
der Dachs
extra
fix
der Fuchs
die Hexe
der Keks
links
der Luchs
sechs
der Text
verknacksen
verwechseln
wachsen

2 *Boxkampf, hexen, das Wachstum, die Verwechslung, der Fuchsbau*
Suche verwandte Wörter und schreibe sie auf:
der Boxkampf, boxen, …

3 **a)** Lies die Texte und lerne sie auswendig! Wähle aus:

Hokuspokus fidibus,
wer in der Schule lernen muss,
muss wissen, dass man manche Sachen
mit x schreibt –
da kann man nichts machen:
Hexen gibts im Märchenwald,
mit Extra-Eis wird 's richtig kalt,
und fix heißt: Ja, ich komme bald!
Texte stehn in Büchern drin,
und Boxer schlägt es manchmal hin.
Wer diese Wörter richtig schreibt,
stets in der Schule super bleibt.

Füchse, Luchse, Lachse, Dachse
sind bei Tag und Nacht auf Achse.
Es achten auf des Jägers Büchse
aber meistens nur die Füchse.
Friedlich kriechen im Gewächs
Frau Eidechse und Herr Eidechs'.
Und der Ochs' im Stall bei Sachsel
zuckt nur müde mit der Achsel.

Bernd Merkle

b) Unterstreiche auf Folie in den Texten alle Nomen mit **x** oder **chs**!
Schreibe sie ab!
Ergänze Einzahl (den Singular) oder Mehrzahl (den Plural):
die Hexe, die Hexen, …

4 **a)** Erkläre die zwei Bedeutungen von **wachsen**!

b) Ordne die folgenden Wörter in zwei Wortfamilien:
der Wuchs, das Bienenwachs, das Gewächs,
das Wachstum, er wachst, er wächst, das Bohnerwachs,
er ist gewachsen, ich habe gewachst

5 Finde die Lösungswörter!
Verwende die Wörter der beiden Wortleisten:

1. Gestalt aus dem Märchen
2. ein Milchprodukt
3. kreuz und …
4. ein Sportler
5. Gebäck
6. schlechte Note in der Schule

bequem
quälen
der Quark
quer

6 Versuche die Geheimbotschaft der Hexen zu entschlüsseln:

Edi Nhexe ntreffe hsic mu ssech Ruh
ma Ufuchsba mzu Bkeksbackwettbewer.
Uz ngewinne tgib se nde ngoldene Lquir
„Xextrafi". Rde Ttreffpunk nkan mbeque
tmi mde Nbese terreich nwerde.
Nfliege Esi rque hdurc nde Dwal dun
ndan rimme hnac slink.

7 Lies die Zungenquirler und ordne die Wörter nach dem Alphabet:

Quatschen quirlige Quasselstrippen quengelig oder quietschvergnügt?

Quietschende Quirle quälen qualvoll den quirlenden Quarkesser.

Zum Üben	Lieber Boxer, mich quält der Gedanke, dass deine Keksbüchse schon wieder leer sein könnte. Deshalb schicke ich dir heute den Rezepttext für einen Kuchen. Er ist ganz fix und bequem zu backen. Du brauchst aber extra viel Quark. Diesen verquirlst du mit den anderen Zutaten und bäckst ihn sechs Minuten lang. Verwechsle aber nicht Zucker und Salz! Es grüßt dich deine Hexe

Für meine Freunde

Unverwechselbar

Erst vor gut 100 Jahren entdeckten Kriminalisten und Wissenschaftler ein unverwechselbares Kennzeichen eines jeden Menschen: den **FINGERABDRUCK**. Niemals gibt es zwei gleiche Abdrücke, nicht einmal bei Zwillingen. Das Muster der Linien jedes Fingerabdrucks wiederholt sich nie. Probiert es aus!

☆ So könnt ihr eure Fingerabdrücke sichtbar machen:

1 Fahr mit dem Mittelfinger deiner linken Hand über deine Stirn (dort sammelt sich immer etwas Hautfett an) und drücke die Fingerkuppe dann auf ein Glas. Lege das Glas anschließend mit dem Fingerabdruck nach oben auf ein Stück Papier und achte darauf, dass du den Abdruck dabei nicht verwischst.

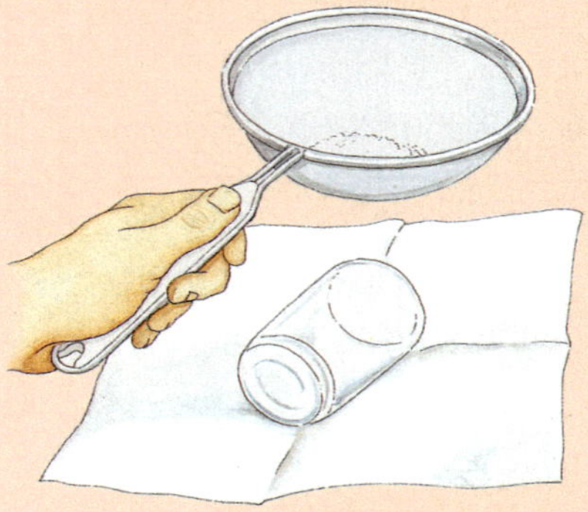

2 Fülle etwas Mehl in ein feines Küchensieb und bestäube damit großzügig den Fingerabdruck auf dem Glas. Puste das Mehl dann kräftig ab. Unter dem zurückbleibenden Rest an Mehlstaub müsste dein Fingerabdruck jetzt deutlich zum Vorschein kommen.

3 Besorge dir ein möglichst breites durchsichtiges Klebeband. Reiß einen etwa acht bis zehn Zentimeter langen Streifen ab und drücke ihn mit der Klebeseite behutsam und gleichmäßig auf den bestäubten Fingerabdruck. Ziehe den Streifen vorsichtig wieder ab. Der Fingerabdruck befindet sich jetzt auf dem Streifen. Betrachte ihn unter einer Lupe und achte auf besondere Merkmale wie Wirbel, Punkte und Gabelungen.

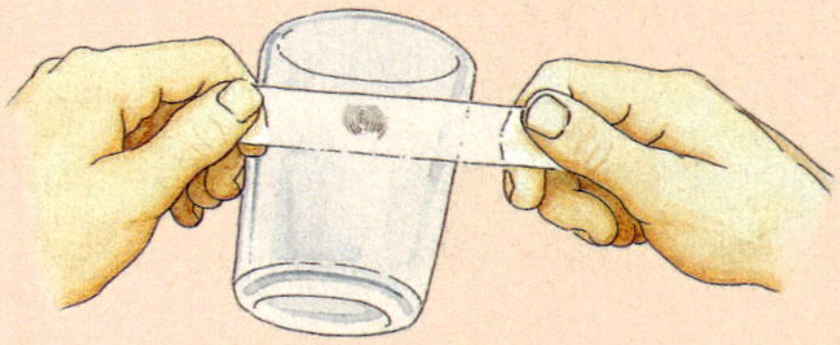

Wenn ihr die Fingerabdrücke mit einem Kopierer vergrößert, könnt ihr die Muster der Linien noch deutlicher sehen. Welche Formen könnt ihr erkennen? Beschreibt sie!

☆ **Zu wem gehört dieser Fingerabdruck? – Ein Ratespiel**

Sammelt die Blätter mit den vergrößerten Fingerabdrücken ein (vorher Name auf die Rückseite schreiben)! Nun wird ein Blatt gezogen. Jetzt beschreibt ein Mitspieler das Kind, dessen Name auf der Rückseite steht. Wer das Kind zuerst erraten hat, ist als Nächster dran.

Im Sommer

Ich sitze mit nackten Beinen
in einer Wiese.
Ein leichter Wind
streichelt die Gräser,
die Gräser streicheln mich.
Alles ist still.
Auf der Wiese ist niemand,
nur ich.
Nur ich und das Gras und der Wind.

Georg Bydlinski

Wie wirkt das Gedicht auf dich?
Woher kommt diese Wirkung?

Eine Nachtwanderung

1 An einem lauen Sommerabend unternahm die Klasse 4a mit ihrer Lehrerin, einigen Eltern und dem Revierförster eine Nachtwanderung durch den nahen Wald. Jeder Teilnehmer bekam vorher einen Zettel mit einem Bilderrätsel:

- Schreibe zuerst die Namen für die Bilder auf!
- Streiche die gekennzeichneten Buchstaben weg oder ersetze sie durch die angegebenen!
- Schreibe die neuen Wörter auf!
  Dann erfährst du den Treffpunkt.

2 Was brauchen die Kinder unbedingt auf ihrer Wanderung? Zähle die Gegenstände in einem langen Satz auf! Denke an die Kommas!

3 Was bei einer Nachtwanderung zu beachten ist:
- die Wege nicht verlassen
- keine Äste und Zweige abbrechen
- immer zu zweit gehen

Schreibe die Regeln so auf: *Verlasst die …*

Schreibt noch andere Regeln auf!

4 Schreibe auf, was du fühlen, riechen, sehen und hören kannst:
die Rinde – die Bäume die Oberfläche – das Moos der Duft – die Pilze
die Form – die Blätter das Plätschern – der Bach die Laute – die Tiere

Ich fühle die Rinde der Bäume. Ich rieche …
Unterstreiche die Nomen im 2. Fall (Genitiv)!

Bilderrätsel lösen, Kommas in Aufzählung setzen, Aufforderungssätze bilden, Zeichensetzung beachten, Genitiv der Nomen

5 Welche Nomen lassen sich von den Verben ableiten?
Schreibe so: *riechen – der Geruch, schreien – das …*

riechen
schreien
fühlen
schmecken
rauschen

6 *horchen, spüren, lauschen, schnuppern, Ohren spitzen, wittern, die Luft einziehen, vernehmen, aufschnappen, tasten*

riechen	**hören**	**fühlen**
…	…	…

Ordne die Wörter und Wortgruppen den Wortkarten zu!

7 Unheimliche Geräusche waren zu hören.
Ergänze die Verben *schreien, knacken, rauschen, rascheln, murmeln* im Präteritum:
die Bäume …, die Zweige …, ein Käuzchen …, die Blätter …, der Bach …

Schreibe so: *die Bäume rauschten, …*

8 Im Wald war es ganz schön unheimlich. Julia erzählt:
Wir liefen gerade über eine kleine Waldlichtung, als es hinter uns laut knackte. Alle blieben stehen und lauschten. …

Wie könnte diese Geschichte weitergegangen sein?
Schreibe sie ganz auf!

Tipps für das Schreiben
- Wie war mir und anderen zu Mute?
- Was dachten, fühlten und sagten die Personen?
- Was war besonders aufregend?
- Wie endete das Erlebnis?
- Denke an eine Überschrift!

Tipps für das Vorlesen
- Lest euch eure Geschichten vor!
- Unterstreicht vorher wichtige Wörter!
- Lest mit kleinen Pausen vor!
- Ändert die Lautstärke!
- Ändert das Sprechtempo – mal langsamer, mal schneller!

Johannistag – Sommersonnenwende

Der 24. Juni, der Johannistag, ist der längste Tag des Jahres, denn die Sonne hat da ihren höchsten Stand erreicht. Von jeher war der Johannistag mit Zauberkraft erfüllt, weil an diesem Tag die Sonne am meisten Macht besitzen sollte. In dieser Nacht wurden deshalb Johannisfeuer oder Sonnwendfeuer entzündet. Nach altem Brauch springen die jungen Leute paarweise über die Glut, damit sich all ihre Wünsche erfüllen. In Schweden wird diese Nacht Mittsommernacht genannt. Sie ist so kurz wie nirgendwo sonst und wird ganz durchgefeiert.

1 Lies den Text und beantworte die Fragen:
- Wie heißen die Feuer am Johannistag?
- Welcher alte Brauch wird noch heute gepflegt?
- Wie wird der Tag der Sonnenwende in Schweden genannt?

2 Wie wird in deiner Gegend die Sonnenwende gefeiert?

3 Im Text findest du drei Sätze, die jeweils aus zwei Teilsätzen bestehen. Lies sie vor!

4 Hier erfährst du noch mehr über das Johannisfest.
Verbinde die gegenüberliegenden Sätze mit **weil**, **denn** oder **damit**:

Schon unsere Vorfahren feierten die Sonnenwende, weil sie sich auf den ...

Schon unsere Vorfahren feierten die Sonnenwende.	Sie freuten sich auf den warmen Sommer.
Die Mädchen sammelten neunerlei Blumen und Kräuter.	Sie wollten daraus Kränze flechten.
Die Kränze wurden über die Türen und ans Fenster gehängt.	Sie sollten das Haus schützen.
Die Buben sammelten vormittags Geld für die Musiker.	Sie sollten am Abend zum Tanze aufspielen.

5 Setze das Wort **Götter** mit dem Artikel (Begleiter) im richtigen Fall ein:

Die Menschen glaubten an die Macht **… …**	**Wessen?**
Sie opferten **… …** Tiere und Feldfrüchte.	**Wem?**
… … sollten die Menschen vor Unheil beschützen.	**Wer?**
Die Menschen verehrten **… …**	**Wen?**

6 *das Feuer, die Nacht, der Holzstapel, die Mutproben*
Setze auch diese Nomen in die vier Fälle! Vergleiche Seite 134!

7 Aberglauben im Juni

Im Juni viel Regen und Donner
bringt fruchtbaren Sommer.

Soll Feld und Garten
gut gedeihn,
braucht's im Juni
Sonnenschein.

Sankt Johannis' Regengüsse
verderben uns die besten Nüsse.

a) Was meinst du zu den Wetterregeln? Welche kennst du noch?

b) Schreibe die Wörter mit doppeltem Mitlaut (Konsonanten) ab!

8 Im August fallen viele Sternschnuppen vom Himmel. Dann darfst du dir nach altem Aberglauben etwas wünschen.

Schreibe zwei Wünsche für Kinder deiner Klasse auf! Sammelt alle Wünsche und lest sie anonym auf eurem Abschlussfest vor!

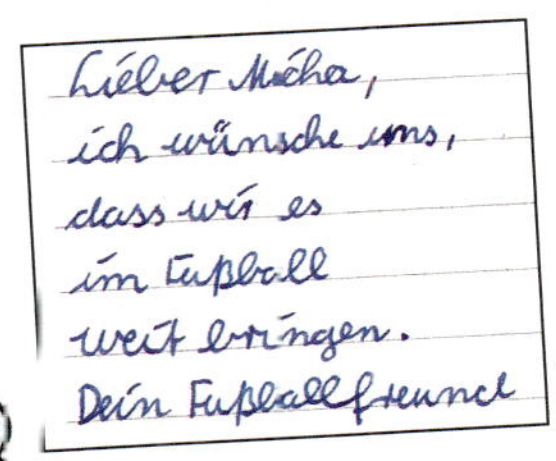
Lieber Micha,
ich wünsche uns,
dass wir es
im Fußball
weit bringen.
Dein Fußballfreund

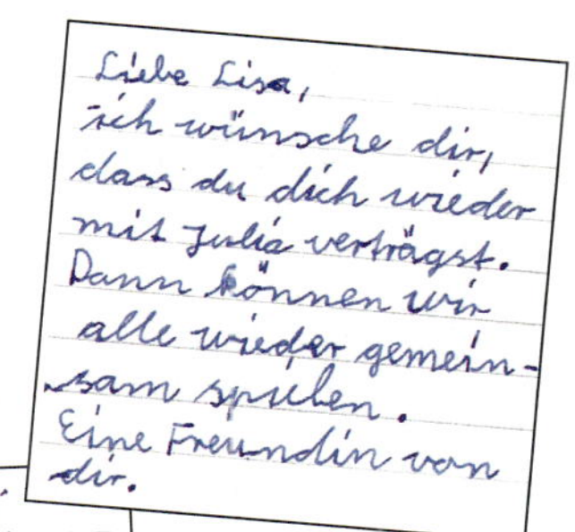
Liebe Lisa,
ich wünsche dir,
dass du dich wieder
mit Julia verträgst.
Dann können wir
alle wieder gemeinsam spielen.
Eine Freundin von
dir.

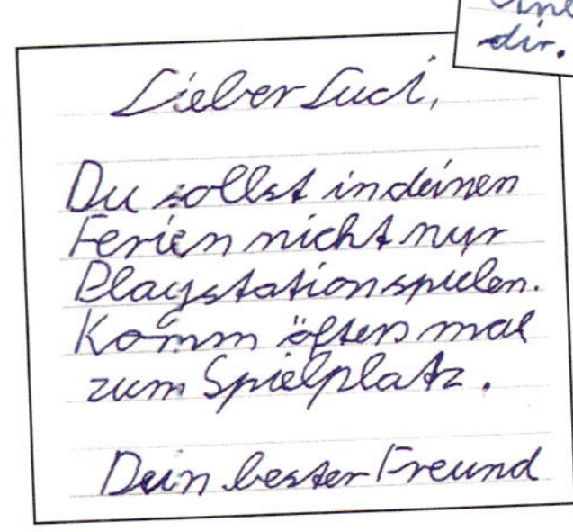
Lieber Luci,
Du sollst in deinen
Ferien nicht nur
Playstation spielen.
Komm öfters mal
zum Spielplatz.
Dein bester Freund

Wortspielerei

Übung macht den Meister

Wörter mit doppeltem Mitlaut (Konsonanten)

Erinnere dich:
Doppelter Mitlaut (Konsonant) steht nach kurzem Selbstlaut (Vokal): *schwimmen, er schwimmt.*

Ein Regenschirm, ein Sonnenschirm,
die im gleichen Ständer standen,
waren ineinander verliebt.
Sie seufzten jeden Morgen:
„Lasst uns hoffen, dass es
trocknes, kühles Wetter gibt."

Hans Manz

das Blatt
der Donnerstag
füllen
hoffen
-innen (Nachsilbe)
retten
sammeln
der Schatten
der Schwamm
die Sonne
stellen
die Stimme
das Wetter

1 Welche Wörter passen zu **Wetter** und **Sonne**?
Frosch, Station, Strahl, Licht, Tag, Häuschen, Karte, Schirm
Bilde zusammengesetzte Nomen!

2 *hoffen, sammeln, retten, trennen, füllen, spannen, stimmen*
Schreibe die Zeitformen der Verben auf
und ein verwandtes Nomen mit der Nachsilbe **-ung**!
Schreibe so: *hoffen, er hoffte, er hat gehofft, die Hoffnung*
sammeln, er sammelte, er hat ge..., die ...

3 Wörterbälle

Welche Wörter kannst du bilden?

4 Löse die Rätsel:

Welcher Brand entsteht ohne Feuer?

Wer wird nie von der Sonne beschienen?

Welche Tiere haben sich im **Klammeraffen** versteckt?

Welcher Tag ist der längste der Woche?

Was lässt sich nicht mit Worten ausdrücken?

5 **a)** Bilde die Zeitformen Präteritum und Perfekt aus *leiden, pfeifen, reiten, streiten, greifen, schreiten*!
Schreibe so: *leiden, er litt, er hat gelitten*

b) Ergänze die Verben im Präteritum:
Er **litt** große Schmerzen.
Sie … eine kleine Melodie.
Auf ihrem Pferd … sie allen davon.
Er … sich viel mit seinem kleinen Bruder.
Er … fest zu.
An der Spitze des Festzuges … der Fahnenträger.

dumm
glatt
er griff (greifen)
krumm
er litt (leiden)
er pfiff (pfeifen)
er stritt (streiten)
voll

6 Aus den Verben *backen, tanzen, tauchen, kochen, malen, singen* kannst du Berufe ableiten.
Schreibe so und unterstreiche die Nachsilben
der Bäcker, die Bäckerin, die Bäckerinnen

7 **a)** Wie heißt das Gegenteil?
Arbeite mit der Wortleiste:

klug – dumm	teuer – b…	gerade – kr…
leer – v…	glänzend – m…	rau – gl…

b) Ergänze die passenden Adjektive:
ein … Streich, ein … Glas, ein … Kleid,
eine … Straße, ein … Rücken, ein … Glanz

c) Trenne die Adjektive aus Aufgabe b) nach Silben: *dum-me, …*

8 Übt mit den Wörtern der beiden Wortleisten!
Wählt aus:
- Überlegt, welche Wörter ihr trennen könnt!
- Wählt Wörter aus und schreibt damit kleine Sätze!
- Zu einigen Wörtern findet ihr Reimwörter. Schreibt die Reimpaare auf!
- Ordnet die beiden Wortleisten alphabetisch!

Zum Üben

Ein Sommertag
Die Sonne brennt heiß vom Himmel. Ich treffe mich heute mit meiner Freundin im Schwimmbad. Das Wasser ist schon schön warm. Wir schwimmen um die Wette.

Für meine Freunde

Wir feiern ein Sommerfest

Am Ende des Schuljahres feiern die Kinder ein Abschlussfest.
Vorher besprechen sie:

 Wo feiern wir?

 Wann soll das Fest beginnen?

Wer kann uns helfen? 

Wen wollen wir einladen?
Wer schreibt die Einladungen?

 Was wollen wir essen und trinken?

Wie soll das Fest ablaufen?

 Wer schmückt den Raum aus?

☆ Woran müsst ihr für euer Sommerfest noch denken?
Macht einen Plan und verteilt die Aufgaben an Gruppen!

☆ So könnt ihr euch vorstellen:

 Ich bin die lustige Luzie
und lache laut und leise.

Ich bin der wichtige Willi
und weiß viele Witze. 

 Ich bin die coole Carmen
mit dem Computer.

Ich bin der mutige Max
und muss manchmal Mäuse melken. 

Jedes Kind bekommt eine Namensplakette.
Nehmt runde Pappscheiben und beschriftet die Vorder-und Rückseite:

Für **Ali, unser Sportass**
Führ uns einen Kopfstand vor
und singe dabei ein Lied!

Für Susi, unsere Lachtaube, …
Für Anna, unsere Wühlmaus, …
Für Robert, unser Mathegenie, …

☆ Welche Ideen habt ihr noch?

Bist du fit für die 5. Klasse?

Die Kinder der Klasse 4a wollen zur Erinnerung an ihre gemeinsame Schulzeit eine Mappe zusammenstellen, in der steht, was sie gelernt und erlebt haben.

Adjektive
- sagen, **wie** etwas ist: die **schwere** Mappe – Die Mappe ist **schwer**.
- können wir steigern:

klug	**klüger**	**am klügsten**
Grundstufe	Mehrstufe	Meiststufe

- helfen uns etwas zu **vergleichen**: so groß **wie** – größer **als**
- können wir mit den **Nachsilben -ig, -lich, -isch** bilden: lustig, freundlich, spielerisch

1 Wie es manchmal in der Schule war:

Meine Schultüte war **riesig**.
Ich konnte die **riesige** Tüte kaum tragen.

Diese Wörter helfen dir dabei:
nett, groß, bunt, schön, fremd, fröhlich, freundlich, riesig, lustig, langweilig, schmutzig, fetzig, träumerisch

das Schulhaus, die Schultasche, die Weihnachtsfeier, diePause, die Lehrerin, der Lehrer, die Mitschüler, der Schulhof, die Hausaufgabe

2 Wie sich viel verändert hat:

Zur Einschulung war ich **kleiner als** Susi. Heute bin ich ______ (groß) **als** sie.
Ich bin schon fast **so** ______ (groß) **wie** Frau Bach.

a) Finde weitere Vergleiche!
Nutze dazu: schnell laufen, mutig sein, frech sein!

b) Schreibe weitere „Rekorde" auf:
Die **kesseste Lippe** hat …
Die **dümmsten Ausreden** hat …

viele Dummheiten
schreckliche Grimassen
gute Ausreden

Du kannst diese Seite auch mit eigenen Beispielen gestalten.

Verben

- sagen, was jemand **tut** oder was **geschieht**
- stehen in der **Grundform**: lernen
  oder in der **gebeugten Form**: ich lerne, du lernst, er lernt, wir …
- können in verschiedenen **Zeitformen** stehen:
  Präsens: ich lache, ich springe, …
  Präteritum: ich lachte, ich sprang, …
  Perfekt: ich habe gelacht, ich bin gesprungen, …
  Futur: ich werde lachen, ich werde springen, …
- verändern ihre Bedeutung durch kleine Wörter und Vorsilben:
  vorschreiben, mitschreiben, aufschreiben, verschreiben, beschreiben

1 Tina denkt gern an gemeinsame Feste zurück:

Am liebsten denke ich an unsere Feste. In der ersten Klasse kam zu unserer Weihnachtsfeier der Nikolaus und las aus einem großen Buch vor, wer brav und wer frech war. In der zweiten Klasse säten wir zu Ostern Kresseherzen und bemalten Eier. Zum Apfelfest in der dritten Klasse haben wir einen Apfelkuchen gebacken und ein Apfelwettspiel gemacht. Meine Gruppe hat leider verloren. Das war aber nicht schlimm, weil wir trotzdem alle einen Apfel gewonnen haben. Das schönste Fest war aber das Kinderfest. Die Muttis der ausländischen Kinder brachten für uns Speisen aus ihrer Heimat mit.

Suche aus dem Text mindestens sechs Verben heraus und schreibe sie in allen Zeitformen so auf:
denken, ich denke, ich dachte, ich habe gedacht, ich werde denken

2 Das alles wurde zu den Festen gemacht:

Schreibe Sätze: Wir haben Lieder vorgesungen. …

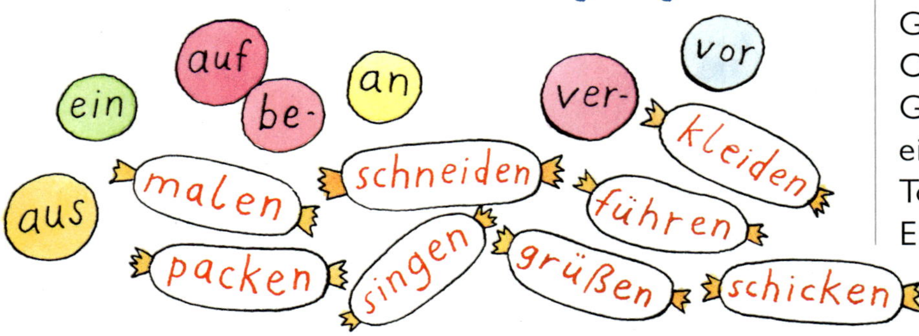

Lieder
Gäste
Ostereier
Geschenke
ein Theaterstück
Torte
Einladungskarten

☆ Schreibe auf, an welche Feste du dich gern erinnerst und was ihr gemacht habt!

Nomen

- werden durch ein Adjektiv näher erklärt: das <u>lustige</u> **Fest**, …
- können in **Einzahl** (Singular) und **Mehrzahl** (Plural) stehen
- können **zusammengesetzt** werden: das **Klassenfest**

  Bestimmungswort Grundwort
- kann ich in **vier Fälle** setzen:
  das Fest (**1. Fall**/Nominativ), des Festes (**2. Fall**/Genitiv),
  dem Fest (**3. Fall**/Dativ), das Fest (**4. Fall**/Akkusativ)
- kann ich durch **Personalpronomen** ersetzen:
  <u>der</u> Schüler – **er**, <u>die</u> Schülerin – **sie**, <u>das</u> Fest – **es**, <u>die</u> Feste – **sie**
- kann ich mit den Nachsilben **-ung, -nis, -heit, -keit** und der Vorsilbe **Ge-** bilden:
  das <u>Ge</u>dicht, die Lös<u>ung</u>, das Zeug<u>nis</u>, die Frei<u>heit</u>, die Freundlich<u>keit</u>

1 Welche Feste wir gefeiert haben:
Bilde zusammengesetzte Nomen!

2 Märchenquiz:

Beantwortet die Fragen und nennt die Fälle!

Stellt euch auch Märchenfragen und beantwortet sie!

Wer gewann den Wettlauf zwischen dem Hasen und dem Igel?	… … (… Fall)
Wessen Kugel fiel in den Brunnen?	… der … (2. Fall)
Wem begegnete Rotkäppchen im Wald?	… … (… Fall)
Wen rettete die kleine Seejungfrau?	… … (… Fall)

3 Unsere Abschlussfeier:
dichten, einladen, schenken, trennen, vorbereiten,
geheim, erleben, trinken, überraschen, erinnern
Bilde aus den Verben Nomen!
Schreibe sie in Einzahl (Singular)
und Mehrzahl (Plural) auf:
dichten, das Gedicht, die Gedichte

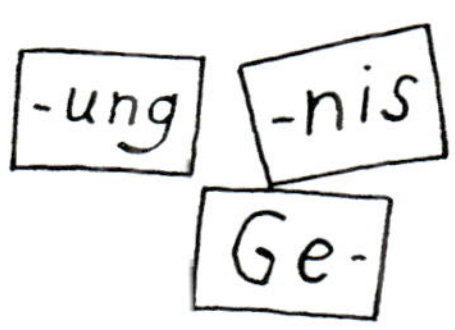

Schreibe damit Sätze über eure Abschlussfeier:
Paul trug ein lustiges <u>Ge</u>dicht über Frau Bach vor.

Alle Aufgaben zum Nomen eignen sich für deine Erinnerungsmappe.

Satzarten

- Wir freuen uns auf die Fahrt. **Aussagesatz** .
- Wann treffen wir uns? **Fragesatz** ?
- Achtung! Verschlaft es morgen nicht! **Ausruf/Ausrufesatz** !

Die wörtliche Rede

- Die wörtliche Rede steht in **Anführungszeichen**: **„ … “**
- Sie hat oft einen **Begleitsatz**:

Der Wanderleiter sagt: „Wir treffen uns am Rathaus.“
„Um 10 Uhr geht es los“, sagt der Wanderleiter.
„Unser Ziel“, sagt der Wanderleiter, „ist die alte Burgruine.“

Auf Fahrten und Ausflügen haben wir viel erlebt:

Könnt ihr euch noch an unsere Nachtwanderung erinnern ☐

Endlich war es draußen dunkel genug, und Frau Bach rief ☐

☐ Alle im Gänsemarsch antreten ☐ ☐

Schon bald waren wir auf der Waldwiese angelangt ☐

Es war jetzt völlig dunkel und ganz still ☐

Wir legten uns ins Gras und versuchten etwas zu hören,

zu riechen und zu fühlen ☐

Plötzlich raschelte es ☐

☐ Was ist das ☐ ☐, fragte mich leise mein Freund ☐

Ich traute mich kaum zu atmen ☐

Ein trippelndes Geräusch kam immer näher ☐

Was konnte das nur sein ☐

Endlich knipste Frau Bach die Taschenlampe an ☐

☐ Na, ihr Helden ☐ ☐, rief sie, ☐ seht ihr die Monster ☐ ☐

1 Schreibe den Text ab und setze die Satzzeichen!

Satzglieder

- Ein Satz besteht aus mehreren **Satzgliedern**. Sie lassen sich **umstellen**.
- Jeder Satz braucht ein **Prädikat**. Es gibt **ein-** und **mehrteilige Prädikate**.
- Satzglieder kannst du **erfragen**:

Subjekt:	Wer? oder Was? (1. Fall/Nominativ)
Objekt:	Wem? (3. Fall/Dativ)
	Wen? oder Was? (4. Fall/Akkusativ)
Ortsangabe:	Wo? Woher? Wohin?
Zeitangabe:	Wann? Seit wann?
	Wie lange? Bis wann? Wie oft?

Eine Mutprobe:

Wir	sahen .	zwei Igel
Sie	trippelten .	zum Wiesenrand
Wir	bestanden .	später
		eine Mutprobe
		ein paar Meter
Jeder	musste gehen .	zu unserem Betreuer
		in den dunklen Wald
Unser größter Rabauke	lief .	ganz in der Nähe
		plötzlich
		von Frau Bach

Die Satzkerne sagen mir zu wenig aus.

Damit du mehr erfährst, kannst du die Prädikate mit anderen Satzgliedern ergänzen.

1 Frage nach einigen Satzgliedern und benenne sie:
Wen sahen wir? – zwei Igel – *Objekt im 4. Fall/Akkusativ*
Wohin trippelten sie? – zum Wiesenrand – *Ortsangabe*

Schreibe die Sätze so auf, dass sie einen kleinen Text ergeben!

☆ Du kannst auch eine eigene Geschichte erzählen. Gestalte dein Blatt mit lustigen Bildern und Fotos!

- Satzglieder umstellen
- auf Satzanfänge achten
- nicht immer mit dem Subjekt beginnen
- Text vorlesen und prüfen, wie er klingt

Tipps und Tricks für richtiges Schreiben

Ich klatsche die Silben:
Schmet-ter-ling

Ich achte auf den Selbstlaut.
Ist er kurz, folgen
zwei Mitlaute:
rollen, backen, die Katze

Ich reime: rollen
sollen
wollen

Ich lerne manche
Wörter auswendig,
zum Beispiel:
der **V**ater, **v**iel,
der Ha**h**n, das Mo**o**s

Ich suche verwandte Wörter:
rollen, gerollt, rollte,
der Roller, die Rollschuhe –
lieben, geliebt, liebte,
die Liebe

1 Welche Tipps und Tricks wendest du häufig an?

2

An Frau Bach
Das richtige Schreiben viel uns oft schwer,
drum mussten Tipps und Tricks dafür her.
Schnell fant jeder seine Strategie,
und heut schreiben alle fast schon wie Sie.
Dankeschön, Frau Bach, für Ihre Idee!
Sie waren für uns wie 'ne gute Fee.

Prüfe, ob die unterstrichenen Wörter richtig geschrieben sind!
Wende immer einen Tipp an!

☆ Schreibt auch ein Gedicht über eure Schulzeit für eure Erinnerungsmappe!

3 *Rätsel*
Mit **R** verschließt es Tür und Tor,
mit **S** kommt es in Schriften vor,
zum Schmelzen wird's gebracht mit **T**,
mit **Z** ich's auf den Häusern seh.

Teekesselraten

Mein  ist Teil des Fußballtores.

Mein  ist ein Fischfanggerät. 

In meinem  wohnt der König.

Mein  verschließt die Tür. 

Schreibe die *Sprichwörter* auf:
Wer andern eine Grube grä t,
fällt selbst hinein.
Wer sein Ra lie t, der schie t.

☆ Finde alle Lösungswörter und überprüfe ihre Schreibweise mit einem Tipp!

Tipps und Tricks für eine gute Geschichte

Tipp 1

Beachte die **Stimmung**: traurig, lustig, schön, aufregend, spannend, …

Tipp 2

Erzählung

- Wo war es?
- Was geschah nacheinander?
- Wer war dabei?
- Wann war es?
- Welche Stelle ist die wichtigste?

Tipp 3

Erzähle die wichtigste oder spannendste Stelle der Geschichte besonders interessant (**Höhepunkt**)! Beschreibe Gefühle und Gedanken! Du kannst Vergleiche, treffende Adjektive und Verben und die wörtliche Rede einsetzen.

Tipp 4

Gib der Geschichte eine **Überschrift**, die neugierig macht!

Tipp 5

Als unser Sportlehrer Herr Lindenberg Geburtstag hatte, wollten wir ihm einen Streich spielen.
Wir haben eine Greifkiste mit allen möglichen ekligen Sachen gefüllt: Gelee, Honig, Federn, Alufolie, Hagebutten, aber auch ein Fach mit kleinen Geschenken.
Er musste in die Kiste fassen. Als Erstes ist er in den Honig geplanscht. Wir konnten uns nicht mehr halten vor Lachen.
Leider hat er dann gleich das Geschenkefach gefunden.
Es war trotzdem total lustig, und Herr Lindenberg hat sich wirklich gefreut.

Jenny

Überprüfe am Text, ob der Schreiber/die Schreiberin die Tipps berücksichtigt hat!

☆ Erinnere dich an ein Erlebnis aus deiner Grundschulzeit! Schreibe es für deine Erinnerungsmappe auf!

Zum Nachschlagen für das Schreiben eigener Texte

Die Formen der Nomen

Einzahl (Singular)	**männlich**	**weiblich**	**sächlich**
1. Fall/Nominativ *Wer? oder Was?*	der große Mann ein großer Mann	die nette Frau eine nette Frau	das kleine Kind ein kleines Kind
2. Fall/Genitiv *Wessen?*	des großen Mannes eines großen Mannes	der netten Frau einer netten Frau	des kleinen Kindes eines kleinen Kindes
3. Fall/Dativ *Wem?*	dem großen Mann einem großen Mann	der netten Frau einer netten Frau	dem kleinen Kind einem kleinen Kind
4. Fall/Akkusativ *Wen? oder Was?*	den großen Mann einen großen Mann	die nette Frau eine nette Frau	das kleine Kind ein kleines Kind
Mehrzahl (Plural)			
1. Fall/Nominativ *Wer? oder Was?*	die großen Männer	die netten Frauen	die kleinen Kinder
2. Fall/Genitiv *Wessen?*	der großen Männer	der netten Frauen	der kleinen Kinder
3. Fall/Dativ *Wem?*	den großen Männern	den netten Frauen	den kleinen Kindern
4. Fall/Akkusativ *Wen? oder Was?*	die großen Männer	die netten Frauen	die kleinen Kinder

Wortfeld zum Verb **sagen**

antworten
einwenden
entgegnen
widersprechen

sprechen
berichten
fragen
meinen
reden
rufen

brüllen
kreischen
schreien
schimpfen
zischen
quasseln

flüstern
hauchen
tuscheln
wispern
murmeln

betteln
bitten
jammern
schluchzen

Die Formen der Verben

Grundform (Nennform) **sagen/gehen**				
Person	**Präsens**	**Präteritum**	**Perfekt**	**Futur**
Einzahl (Singular)				
1. Person: ich	ich sage ich gehe	ich sagte ich ging	ich habe gesagt ich bin gegangen	ich werde sagen ich werde gehen
2. Person: du	du sagst du gehst	du sagtest du gingst	du hast gesagt du bist gegangen	du wirst sagen du wirst gehen
3. Person: er, sie, es	er, sie, es sagt er, sie, es geht	er, sie, es sagte er, sie, es ging	er, sie, es hat gesagt er, sie, es ist gegangen	er, sie, es wird sagen er, sie, es wird gehen
Mehrzahl (Plural)				
1. Person: wir	wir sagen wir gehen	wir sagten wir gingen	wir haben gesagt wir sind gegangen	wir werden sagen wir werden gehen
2. Person: ihr	ihr sagt ihr geht	ihr sagtet ihr gingt	ihr habt gesagt ihr seid gegangen	ihr werdet sagen ihr werdet gehen
3. Person: sie	sie sagen sie gehen	sie sagten sie gingen	sie haben gesagt sie sind gegangen	sie werden sagen sie werden gehen

Wortfeld zum Verb **sehen**

schielen
blinzeln
zwinkern

anblicken
angucken
anschauen
betrachten
beobachten

gucken
schauen
spähen
beäugen

mustern
anhimmeln
glotzen
gaffen
anstarren

Wörterverzeichnis mit den hundert häufigsten Wörtern

A a

der **Aal**, die Aale
abbeißen, du beißt ab, er biss ab, abgebissen, der Biss
aber
abbilden, die Abbildung
der **Abend**, die Abende, abendlich, abends
abschließen, du schließt ab, er schloss ab, abgeschlossen, der Abschluss
die **Absicht**, absichtlich
abwärts, abwärts gehen
das **Abzeichen**, die Abzeichen
die **Achse**, die Achsen
acht, achtzehn, achtzig
achten, du achtest, er achtete, die Achtung
der **Acker**, die Äcker
das **Adjektiv**, die Adjektive
die **Adresse**, die Adressen, das Adressbuch
der **Advent**, der Adventskranz
ahnen, du ahnst, er ahnte, die Ahnung
ähnlich, die Ähnlichkeit
die **Ähre**, die Ähren
aktiv, aktive Menschen
alle
die **Allee**, die Alleen
allein, allein sein
allmählich
als
am
an
aneinander, aneinander denken
die **Angel**, die Angeln
angeln, du angelst, er angelte, der Angler
die **Angst**, ängstlich
der **Anker**, die Anker
sich **anlehnen**, du lehnst dich an, er lehnte sich an
sich **anstrengen**, ich strenge mich an, er strengte sich an, die Anstrengung
antworten, du antwortest, er antwortete, die Antwort
der **Appetit**, appetitlich
das **Aquarium**, die Aquarien
sich **ärgern**, du ärgerst dich, er ärgerte sich, der Ärger, ärgerlich, arg
die **Art**, die Arten
artig, ein artiges Kind
auch
auf
die **Aufgabe**, die Aufgaben
aufgeben, du gibst auf, er gab auf, aufgegeben
aufklären, du klärst auf, er klärte auf, die Aufklärung
aufpassen, du (er) passt auf; Pass auf! Passt auf!
aus
auseinander, auseinandergehen
die **Auskunft**, die Auskünfte
außen, außerhalb
außer, außerdem
die **Aussicht**, die Aussichten
ausstellen, du stellst aus, er stellte aus, die Ausstellung
der **Ausweis**, die Ausweise
die **Axt**, die Äxte

B b

backen, du backst, er backte, *auch*: er buk
der **Bagger**, die Bagger
der **Balken**, die Balken
das **Band**, die Bänder
die **Bank**, die Bänke (Sitzgelegenheit) *oder:* die Banken (Geldinstitute)
barfuß, barfüßig
das **Becken**, die Becken
bedeuten, es bedeutet, die Bedeutung
bedrohen, du bedrohst, er bedrohte, die Bedrohung, bedrohlich
das **Beet**, die Beete
der **Befehl**, die Befehle,
befehlen, du befiehlst, er befahl, befohlen
sich **begegnen**, du begegnest mir, er begegnete mir, die Begegnung
beginnen, du beginnst, er beginnt, es begann, begonnen, der Beginn
bei
beinahe
das **Beispiel**, die Beispiele
beleidigen, du beleidigst, er beleidigte, die Beleidigung
belohnen, du belohnst, die Belohnung
beobachten, du beobachtest, er beobachtete, die Beobachtung
bequem, ein bequemer Schuh
der **Beruf**, die Berufe, beruflich
berühmt, die Berühmtheit
sich **beschäftigen**, du beschäftigst dich, er beschäftigte sich, die Beschäftigung
beschreiben, du beschreibst, er beschrieb, die Beschreibung
besichtigen, du besichtigst, er besichtigte, die Besichtigung
besonders
besser, am besten, das Beste, die Besserung

bestäuben, sie bestäubt, die Bestäubung, der Blütenstaub
bestimmen, du bestimmst, er bestimmte, die Bestimmung
betrachten, du betrachtest, er betrachtete, die Betrachtung
betteln, du bettelst, er bettelte, der Bettler
beugen, du beugst, er beugte, die Beugung
bevor, bevorstehen
beweisen, du beweist, er bewies, der Beweis
der **Bewohner**, bewohnbar
bezeichnen, du bezeichnest, er bezeichnete, die Bezeichnung
die **Bibliothek**, die Bibliotheken, die Bibliothekarin
biegen, du biegst, er bog, verbiegen, die Biegung, der Bogen, biegsam
die **Biene**, die Bienen
billig, ein billiges Kleid
ich **bin** (Grundform: sein)
bis, bis morgen
bisschen, ein bisschen
bitter, bitterlich
sich **blamieren**, du blamierst dich, er blamierte sich, die Blamage
blasen, du bläst, er blies, geblasen, die Blase, das Gebläse
das **Blatt**, die Blätter
blicken, du blickst, er blickte, der Blick
blitzen, es blitzt, es blitzte, der Blitz
der **Block**, die Blöcke
bloß, bloß ein Weilchen
blühen, es blüht, es blühte, die Blüte
die **Bohne**, die Bohnen
bohren, du bohrst, er bohrte, die Bohrung
das **Boot**, die Boote
borgen, du borgst, er borgte
böse, boshaft
boxen, du boxt, er boxte, der Boxer
braun, bräunlich
brav, ein braves Kind
das **Brett**, die Bretter
der **Brief**, die Briefe, brieflich
brühen, du brühst, er brühte, die Brühe, sich verbrühen
die **Brust**, die Brüste
die **Büchse**, die Büchsen
sich **bücken**, du bückst dich, er bückte sich, der Bückling
die **Bühne**, die Bühnen
bummeln, du bummelst, er bummelte, der Bummler, die Bummelei
die **Burg**, die Burgen
der **Bürger**, die Bürger, der Bürgermeister
die **Bürste**, die Bürsten
bürsten, du bürstest, er bürstete, abbürsten

C c

Celsius, 1 Grad Celsius (1 °C)
die **Chance**, die Chancen
der **Charakter**, charakterlich
der **Chor**, die Chöre
die **City** (Stadtzentrum)
der **Club**, die Clubs
der **Comic**, die Comics
die **Compactdisc** (CD)
der **Computer**, die Computer
der **Container**
cool, cooles Aussehen
die **Cornflakes**
die **Creme**, die Cremes
Curry, die Currywurst

D d

da, dahin, davor
der **Dachs**, die Dachse
damals
der **Damm**, die Dämme
die **Dämmerung**, dämmern
der **Dampf**, die Dämpfe
dampfen, es dampft
dann
daran, darauf, darin
das, das Buch
dass; ich glaube, dass …
dasselbe
sich **dehnen**, du dehnst dich, er dehnte sich, die Dehnung, dehnbar
der **Delfin**, die Delfine
denen
denn
der, des, dem, den
denken, du denkst, er dachte, gedacht, der Gedanke
dessen
der **Detektiv**, die Detektive
deutlich, eine deutliche Aussprache
dicht, ein dichter Wald
das **Dickicht**
die
der **Dieb**, die Diebe, diebisch
dienen, du dienst, er diente, der Dienst
dies, diese, dieser, dieses
der **Dinosaurier**, die Dinosaurier
der **Direktor**, die Direktoren, die Direktorin
diskutieren, du diskutierst, er diskutierte, die Diskussion
doch
doppelt, verdoppeln
drängeln, du drängelst, er drängelte, die Drängelei
drängen, du drängst, er drängte, der Drang
draußen
der **Dreck**, dreckig
drehen, du drehst, er drehte, die Drehung, drehbar
dreißig, einunddreißig
drohen, du drohst, er drohte, die Drohung
drücken, du drückst, er drückte, der Druck
du

dumm, ein dummer Streich, die Dummheit
dunkel, eine dunkle Nacht, die Dunkelheit
durch, durcheinander
der **Durst**, durstig

E e

das **Echo**, die Echos
ehe, ehemals
die **Ehre**, die Ehrlichkeit, die Ehrung, ehrlich, jemanden ehren
die **Eidechse**, die Eidechsen
eifrig, der Eifer
eigentlich
ein, einer, eine, eines, einem, einen
einander, sich einander helfen
einfach
einig, sich einig sein, die Einigkeit
einigermaßen, es einigermaßen können
einpacken, du packst ein
der **Eintritt**, eintreten
einzeln, ein einzelner Schuh, die Einzelheit
die **Elektrizität**, elektrisch
die **Elektronik**, elektronisch
die **Eltern**, die Großeltern
empfangen, du empfängst, er empfing, der Empfang
empfinden, du empfindest, er empfand, empfunden, die Empfindung, empfindlich
endgültig, die endgültige Entscheidung
endlich, endlos
entführen, du entführst, er entführte, die Entführung
entlang, entlanggehen
entscheiden, du entscheidest, er entschied, die Entscheidung
sich **entschließen**, du entschließt dich, er entschloss sich, er hat sich entschlossen
der **Entschluss**, die Entschlüsse
entwickeln, die Entwicklung
entzwei, entzweibrechen
er
erfahren, du erfährst, er erfährt, er erfuhr, die Erfahrung
erfüllen, du erfüllst, er erfüllte, die Erfüllung
ergänzen, du ergänzt, er ergänzte, die Ergänzung
das **Ergebnis**, die Ergebnisse, ergebnislos
sich **erholen**, du erholst dich, er erholte sich, die Erholung
sich **erinnern**, du erinnerst dich, er erinnerte sich, die Erinnerung
erklären, du erklärst, er erklärte, die Erklärung
ermahnen, du ermahnst, er ermahnte, die Ermahnung
ermäßigt, ermäßigte Preise, die Ermäßigung
sich **ernähren**, du ernährst dich, er ernährte sich, die Ernährung
ernst, das ernste Gesicht
erschrecken, du erschrickst, er erschrak, erschrocken; Erschrick nicht!, sich erschrecken
erwachsen sein, du bist erwachsen, die Erwachsenen
erziehen, du erziehst, er erzog, die Erziehung
es
essen, du isst, er isst, er aß, gegessen; Iss! Esst! das Essen, der Esslöffel
das **Etui**, die Etuis, das Schreibetui
etwa, etwa eine Minute
etwas, etwas holen
experimentieren, du experimentierst, er experimentierte, das Experiment
extra

F f

das **Fach**, die Fächer
die **Fährte**, die Fährten
fallen, du fällst, er fiel, gefallen, der Fall
die **Familie**, die Familien
der **Fan**, die Fans, Fanpost
die **Fantasie**, fantastisch
die **Farbe**, die Farben
färben, du färbst, er färbte, farbig
das **Fass**, die Fässer
das **Fax**, die Faxe, faxen
die **Faxen**, der Faxenmacher
der **Februar**
die **Fee**, die Feen, feenhaft
feige, der Feigling
der **Feind**, die Feinde, die Feindschaft, feindlich
das **Fest**, die Feste, festlich
fett, fettiges Fleisch, das Fett, einfetten
feucht, der feuchte Keller, die Feuchtigkeit
der **Finger**, die Finger
finster, eine finstere Nacht, die Finsternis
fix, fix und fertig
die **Fläche**, die Flächen
die **Flamme**, die Flammen
flattern, sie flattert
der **Fleck**, die Flecke, fleckig
der **Fleiß**, fleißig
fliegen, du fliegst, er flog, geflogen, der Flieger, der Flug
fliehen, du fliehst, er floh, geflohen, die Flucht
fließen, der Fluss
flitzen, du flitzt, er flitzte
flüchtig, er flüchtete, der Flüchtling, der Flüchtigkeitsfehler
der **Flur**, die Flure

flüstern, du flüsterst, er flüsterte
die **Folie**, die Folien
fotografieren, du fotografierst, er fotgrafierte, das Foto
fremd, ein fremdes Land, der Fremde
fressen, du frisst, er fraß, gefressen
die **Freude**, sich freuen
der **Frieden**, friedlich
frisch, frisches Obst
frösteln, du fröstelst, er fröstelte, der Frost, ein frostiger Morgen
früh, morgen früh
früher
frühstücken, du frühstückst, er frühstückte, das Frühstück
der **Fuchs**, die Füchse
fühlen, du fühlst, er fühlte, das Gefühl
führen, du führst, er führte, die Führung
füllen, du füllst, er füllte, die Füllung, der Füller
für
sich **fürchten**, du fürchtest dich, er fürchtete sich, die Furcht, furchtsam
der **Fuß**, die Füße, das Füßchen

G g

der **Gameboy**, die Gameboys
ganz
gar nicht(s), gar kein
die **Garage**, die Garagen
die **Gardine**, die Gardinen
die **Gasse**, die Gassen das Gässchen
der **Gast**, die Gäste, die Gaststätte, gastlich
das **Gebäck**, der Bäcker
das **Gebäude**, die Gebäude
das **Gebirge**, gebirgig
das **Gebiss**, die Gebisse
geboren sein, du bist geboren, er ist geboren, die Geburt, der Geburtstag
die **Geborgenheit**, geborgen sein
die **Gefahr**, die Gefahren, gefährlich
gefräßig, ein gefräßiges Tier
gegen
das **Geheimnis**, die Geheimnisse
geizig, ein geiziger Mensch, der Geiz
gelingen, es gelingt, es gelang, gelungen
gemeinsam, ein gemeinsamer Freund, die Gemeinsamkeit
die **Gemeinschaft**, gemeinschaftlich
genießen, du genießt, er genoss, der Genießer, der Genuss
genug, genügend
das **Gerät**, die Geräte
das **Geschäft**, die Geschäfte, geschäftlich
geschehen, es geschieht, es geschah
das **Geschenk**, die Geschenke
geschickt (sein) die Geschicklichkeit
das **Geschirr**
die **Geschwister**, die Schwester
das **Gesetz**, die Gesetze, gesetzlich
das **Gesicht**, die Gesichter
gestehen, du gestehst, er gesteht, er gestand, das Geständnis
das **Getreide**, die Getreidearten
gewiss, die Gewissheit
glatt, die Glätte
glauben, du glaubst, er glaubte, der Glaube, glaubhaft, gläubig
gleich, gleichermaßen, das Gleichnis
das **Glück**, glücklich
das **Gold**, golden, die goldene Kugel, goldig
der **Gott**, der Gottesdienst
graben, du gräbst, er grub, gegraben, der Graben
greifen, du greifst, er griff, begreifen, der Griff, der Greifarm
die **Grenze**, die Grenzen
der **Grieß**, der Grießbrei
groß, die Größe
der **Grund**, die Gründe, gründlich
sich **gruseln**, du gruselst dich, er gruselte sich, das Gruselmärchen, gruselig,
der **Gummi**, die Gummis
gut, besser, am besten
das **Gymnasium**, die Gymnasien

H h

haben, ich habe, du hast, er hat, du hattest, er hatte, sie hatten, ihr hattet, gehabt
hacken, du hackst, er hackte, die Hacke
der **Haken**, die Haken, einhaken
halbieren, du halbierst, er halbierte
handeln, du handelst, er handelte, die Handlung, der Händler
das **Handy**, die Handys
der **Hang**, die Hänge
hassen, du hasst, er hasste, der Hass, hässlich
hasten, du hastest, er hastete, die Hast, hastig
häufig, häufig fehlen, der Haufen
die **Hauptstadt**, die Hauptstädte
die **Haut**, die Häute, die Häutung, sich häuten
der **Held**, die Helden, die Heldin, heldenhaft

hell, ein heller Tag, die Helligkeit
der **Herbst**, herbstlich
herrlich
herrschen, du herrschst, er herrschte, der Herrscher, die Herrschaft
hervor, hervortreten
hetzen, du hetzt, er hetzte, die Hetze
heulen, du heulst, er heulte, das Geheul
die **Hexe**, die Hexen, verhext
hier
der **Hit**, die Hits
die **Hitze**, hitzig, ein hitziger Streit, ein Hitzkopf
das **Hobby**, die Hobbys
hocken, du hockst, er hockte, die Hocke
hoffen, du hoffst, er hoffte, die Hoffnung, hoffentlich
höflich, ein höfliches Kind, die Höflichkeit
hohl, die Höhle
die **Homepage**
horchen, du horchst, er horchte, der Horcher
die **Hülle**, die Hüllen
der **Hunger**, hungrig hungern, du hungerst, er hungerte
hupen, du hupst, er hupte, die Hupe
der **Husten**, der Hustensaft
husten, du hustest, er hustete, hüsteln

I i

ich
die **Idee**, die Ideen
ihm, ihm helfen
ihn, ihn sehen
ihnen, ihnen etwas geben
ihr, ihres, ihrem, ihren
ihre, ihrer
die **Illustrierte**
im
impfen, du wirst geimpft, er wurde geimpft, die Impfung
sich **informieren**, du informierst dich, er informierte sich, die Information
der **Inliner** (Rollschuh)
sich **interessieren**, du interessierst dich, er interessierte sich, das Interesse, interessant
international
das **Internet**
interviewen, du interviewst, er interviewte, das Interview
irgend, irgendjemand, irgendwann, irgendwo
sich **irren**, du irrst dich, er irrte sich, der Irrtum
ist, er ist da (Grundform: sein), *aber:* er isst (Grundform: essen)

J j

das Jahr, die Jahre, jährlich
jammern, du jammerst, er jammerte, der Jammer, das Gejammer, jämmerlich
jetzt
joggen, du joggst, er joggte, der Jogger, das Jogging
der **Jogurt**
Johannis, das Johannisfeuer, die Johannisbeere
jubeln, du jubelst, er jubelte, der Jubel
die **Jugend**, der Jugendliche, jugendlich

K k

kahl, ein kahler Baum
der **Kahn**, die Kähne
der **Kalender**, die Kalender
die **Kammer**, die Kammern
der **Kampf,** die Kämpfe, der Kämpfer, kämpferisch
kämpfen, du kämpfst, er kämpfte
der **Karneval**
die **Kartoffel**, die Kartoffeln
die **Kassette**, die Kassetten
kassieren, du kassierst, er kassierte, die Kasse der Kassierer, die Kassiererin
kehren (fegen), du kehrst, er kehrte
der **Keks**, die Kekse
der **Kessel**, die Kessel
das **Ketschup** *oder:* der Ketchup
die **Kids**
das **Kilo**, die Kilos, das Kilogramm (kg)
das **Kind**, die Kindheit
die **Kirche**, die Kirchen, kirchlich
die **Kirsche**, die Kirschen, kirschrot
die **Klammer**, die Klammern, klammern
der **Klang**, die Klänge
die **Klappe**, die Klappen, du klappst zu, es klappt
klappern, es klappert, klapprig
klar, klares Wasser
klatschen, du klatschst, er klatschte, der Klatsch
das **Klavier**, die Klaviere
kleben, du klebst, es klebt, der Kleber, der Klebstoff, klebrig
der **Klecks**, die Kleckse, die Kleckserei
klecksen, du kleckst, er kleckste
der **Klee**, das Kleeblatt
klemmen, es klemmt, die Klemme
das **Klima**, klimatisch
klingen, es klingt, es klang, geklungen
klopfen, du klopfst, er klopfte, anklopfen
der **Kloß**, die Klöße
klug, die Klugheit

knallen, es knallt, der Knall
knicken, du knickst, er knickte, der Knick
das **Knie**, die Knie, hinknien
der **Knopf**, die Knöpfe
knöpfen, du knöpfst, er knöpfte
die **Knospe**, die Knospen
knurren, du knurrst, er knurrte, knurrig
der **Kompass**, die Kompasse
kontrollieren, du kontrollierst, er kontrollierte, die Kontrolle
können, du kannst, er kann, du konntest, du könntest, er konnte, gekonnt
kosten, du kostest, er kostet, die Kost, *aber:* es kostet viel Geld
der **Kranz**, die Kränze
das **Kraut**, die Kräuter
das **Kreuz**, die Kreuze, sich kreuzen, gekreuzt
kriechen, du kriechst, er kroch, gekrochen
der **Krieg**, die Kriege, kriegerisch
die **Kritik**, der Kritiker, die Kritikerin, kritisch
krumm, ein krummer Stamm
sich **kümmern**, du kümmerst dich, er kümmerte sich
die **Kur**, die Kuren
die **Kurve**, die Kurven, kurvig
der **Kuss**, die Küsse, ein Küsschen
küssen, du küsst, er küsste

L l

lächeln, du lächelst, er lächelte, das Lächeln
lahm, ein lahmes Pferd, die Lähmung
das **Land**, die Länder, die Landschaft, ländlich
langsam
die **Lärche** (Laubbaum)
lärmen, du lärmst, er lärmte, der Lärm
die **Larve**, die Larven
das **Laub**, die Laubfärbung
läuten, du läutest, er läutete, das Geläut
leben, du lebst, er lebte, das Leben, lebendig
lecken, du leckst, er leckte, die Leckerei, lecker
die **Lehne**, die Lehnen, anlehnen
der **Lehrer**, die Lehrer, die Lehrerin, die Lehrerinnen, lehren, gelehrt
leiden, du leidest, er litt, gelitten, das Leid, die Leidenschaft, das Mitleid, leider; es tut mir leid
lenken, du lenkst, er lenkte, der Lenker, die Lenkung
die **Lerche** (Singvogel)
lernen, du lernst, er lernte
leuchten; das Licht leuchtet, hell erleuchtet
das **Lexikon**, die Lexika
lieben, du liebst, er liebte, die Liebe
das **Lineal**, die Lineale
die **Linie**, die Linien
links
listig, die List
der **Liter** (l) *oder:* das Liter, die Liter
loben, du lobst, er lobte, das Lob, lobenswert
die **Locke**, die Locken, lockig
lockern, du lockerst, er lockerte, die Lockerung
der **Lohn**, die Löhne
sich **lohnen**, es lohnt sich, die Belohnung
der **Luchs**, die Luchse
die **Lücke**, die Lücken, lückenlos
die **Lüge**, die Lügen, der Lügner, die Lügnerin, lügnerisch
lügen, du lügst, er log, gelogen, anlügen

M m

die **Macht**, mächtig
madig, ein madiger Apfel
mähen, du mähst, er mähte, die Mahd
das **Mahl**, die Mahlzeit
mahlen, Korn mahlen
mahnen, du mahnst, er mahnte, die Mahnung
die **Makkaroni**
-mals: damals, jemals, mehrmals, niemals
man; man kann es nicht glauben
die **Mandarine**, die Mandarinen
die **Mappe**, die Mappen
die **Margarine**
der **Markt**, die Märkte
marschieren, du marschierst, er marschierte, der Marsch
der **März**
das **Maß**, die Maße, mäßig
der **Mast**, die Masten
matt, ein matter Lichtschein
das **Meer**, die Meere
mehlig, das Mehl
mehr, nie mehr, mehrere
mein, meine
der **Meister**, die Meister, die Meisterschaft, meisterhaft
melden, du meldest, er meldete, die Meldung
der **Mensch**, die Menschen, menschlich
messen, du misst, er maß, gemessen, abmessen, das Maß
das **Metall**, die Metalle, metallisch, ein metallischer Glanz
mich

die **Miene** (Gesichtsausdruck)
mieten, du mietest, er mietete, vermieten, die Miete, der Mieter,
mild, ein mildes Klima
das **Milligramm** (mg), der Millimeter (mm)
die **Million**, die Millionen
die **Mimik**, die Pantomime
die **Mine**, die Minen, die Bleistiftmine
der **Minuend**, die Minuenden
mir
mit
miteinander, miteinander reden
der **Mittag**, mittags, die Mittagspause
mixen, du mixt, er mixte, der Mixer, das Mixgetränk
der **Mond**, die Monde, der Mondschein
das **Moor**, die Moore, moorig
das **Moos**, die Moose
das **Mountainbike**, die Mountainbikes
die **Mücke**, die Mücken
müde, die Müdigkeit
die **Mühe**, die Mühen
sich **mühen**, du mühst dich, er mühte sich, mühsam
die **Mühle**, die Mühlen; Mehl in der Mühle mahlen
multiplizieren, du multiplizierst, die Multiplikation
murren, du murrst, er murrte, mürrisch
das **Mus**, das Pflaumenmus
die **Musik**, musizieren, du musizierst, er musizierte
müssen, du musst, er musste
mutig, der Mut
die **Mutter**, die Mütter, mütterlich

N n

nach, nach Haus(e) gehen
der **Nachbar**, die Nachbarn, nachbarschaftlich
der **Nachmittag**, nachmittags
nächste, das nächste Mal, am nächsten Tag
nah, die Nähe
nähen, du nähst, er nähte, die Naht
sich **nähern**, du näherst dich, er näherte sich
die **Nahrung**, sich ernähren
der **Narr**, die Narren, närrisches Treiben
nass, die Nässe
der **Nebel**, die Nebel, neblig
der **Neid**, neidisch
nennen, du nennst, er nannte, der Nenner
nett, ein nettes Wort
das **Netz**, die Netze
die **Neugier**, die Neugierde, neugierig
neulich
neun, neunzehn, neunzig
nicht, gar nicht, nichts
nicken, du nickst, er nickte, das Genick
nie, nie mehr
nieder, auf und nieder, niederlassen
niedlich
niedrig, niedrige Kosten
niemals
niemand
nieseln, es nieselt, der Nieselregen
nirgend, nirgends
die **Nixe**, die Nixen
noch
notieren, du notierst, er notierte, die Notizen
die **Nummer**, die Nummern
nummerieren, du nummerierst, er nummerierte, die Nummerierung
nun
nur
die **Nuss**, die Nüsse
nutzen, du nutzt, der Nutzen
nützen, es nützt nichts, nützlich

O o

oder
offen, die offene Tür
öffnen, du öffnest, er öffnete
ohne, ohne mich, ohne dich, ohne ihn, ohne sie
das **Öl**, die Öle, ölig, geölt
der **Omnibus**, die Omnibusse
die **Orange**, die Orangen
ordentlich
ordnen, du ordnest, er ordnete, die Ordnung
organisieren, du organisierst, er organisierte, die Organisation
sich **orientieren**, du orientierst dich, er orientierte sich, die Orientierung
Ostern, das Osterei, österlich
oval, eine ovale Fläche
der **Ozean**, die Ozeane

P p

das **Paar**, die Paare, das Pärchen
der **Panter**, die Panter
das **Papier**, die Papiere
der **Park**, die Parks
der **Partner**, die Partner
der **Pass**, die Pässe
das **Pech**, pechschwarz
das **Pedal**, die Pedale
der **Pelz**, die Pelze
das **Pfand**, die Pfänder
pfeifen, du pfeifst, er pfiff, gepfiffen, die Pfeife
der **Pfiff**, die Pfiffe, pfiffig
Pfingsten
der **Pfirsich**, die Pfirsiche

das **Pflaster**, die Pflaster

die **Pflaume**, die Pflaumen

die **Pflicht**, die Pflichten

der **Pflug**, die Pflüge, pflügen, du pflügst

das **Picknick**

der **Pilz**, die Pilze

die **Pizza**, die Pizzas *oder:* die Pizzen

das **Plakat**, die Plakate

der **Platz**, die Plätze

plötzlich, ein plötzlicher Einfall

die **Polizei**, der Polizist, die Polizistin, die Polizisten

die **Pommes frites**

das **Portmonee**, die Portmonees

positiv, ein positives Ergebnis

prahlen, du prahlst, er prahlte, die Prahlerei

pressen, du presst, er presste, die Presse

probieren, du probierst, er probierte, die Probe

das **Programm**, die Programme, programmieren

der **Pudding**

der **Pullover**, die Pullover

pünktlich

Q q

das **Quadrat**, die Quadrate, quadratisch

quaken, Frösche quaken

quälen, du quälst, er quälte, die Quälerei

der **Qualm**, qualmen, es qualmt, verqualmt

der **Quark**

quatschen, du quatschst, er quatschte, der Quatsch

die **Quelle**, die Quellen

quellen, es quillt, es quoll, gequollen

quer, in die Quere kommen

quetschen, du quetschst, er quetschte, die Quetschung

quieken, er quiekt, es quiekte

quirlen, du quirlst, gequirt, der Quirl

das **Quiz**, die Quizfrage

R r

der **Rahmen**, die Rahmen

ranken; der Wein rankt, die Ranke

rasch

rascheln, du raschelst, er raschelte

rasen, du rast, er raste

rasten, du rastest, er rastete, die Rast

rau, das raue Fell

rauben, du raubst, er raubte, der Raub, die Räuber, räuberisch

räumen, du räumst, er räumte, der Raum

rauschen, es rauscht, das Geräusch

rechts, rechts und links

sich **recken**, du reckst dich, er reckte sich

der **Recorder**, *auch:* Rekorder

regelmäßig

der **Regen**, es regnet, regnerisch

das **Reh**, die Rehe, das Rehkitz

reiben, du reibst, er rieb, die Reibe, die Reibung

reichen, du reichst, es reicht, reichlich

die **Reihe**, die Reihen

reißen, du reißt, er riss, der Riss

reiten, du reitest, er ritt, der Ritt

reizen, du reizt, er reizte, der Reiz, die Reizung

rennen, du rennst, er rannte, das Rennen

reparieren, du reparierst, er reparierte, die Reparatur

retten du rettest, er rettete, der Retter, die Rettung

riechen, du riechst, er roch, gerochen, der Geruch

rieseln, es rieselt

rinnen; der Regen rinnt, die Rinne, geronnen

roh, rohes Gemüse

das **Ross**, die Rosse, die Rosskastanie

rosten, es rostet, es rostete, der Rost, rostig

der **Rucksack**, die Rucksäcke

die **Rücksicht**, rücksichtsvoll

rückwärts

rufen, du rufst, er rief, der Ruf

ruhen, du ruhst, er ruhte, die Ruhe, ruhig

rühren, du rührst, er rührte, verrühren

rund, rundlich

rutschen, du rutschst, er rutschte, die Rutsche

S s

der **Saal**, die Säle

die **Saat**, die Saaten, säen

der **Sack**, die Säcke

die **Sahne**, sahnig

die **Sammlung**, die Sammlungen, sammeln, versammeln

der **Samstag**, samstags

die **Schachtel**, die Schachteln

der **Schaden**, die Schäden, schaden, schädlich

schälen, du schälst, er schälte, die Schale

schallen, es schallt, der Schall, schalldicht

sich **schämen**, du schämst dich, er schämte sich, die Scham

scharf, der scharfe Senf

der **Schatten**, die Schatten, schattig

der **Schatz**, die Schätze

schätzen, du schätzt, er schätzte, die Schätzung, verschätzen
schäumen, es schäumt, der Schaum, schaumig
die **Scheibe**, die Scheiben
scheinen, sie schien
scherzen, du scherzt, er scherzte, der Scherz
scheu, ein scheuer Blick
der **Schi**, die Schier
die **Schicht**, die Schichten
schief, ein schiefer Turm
die **Schiene**, die Schienen
schießen, du schießt, er schoss
das **Schild**, die Schilder (das Aushängeschild); *aber:* der Schild (das Schutzschild)
schimpfen, du schimpfst, er schimpfte
schlafen, du schläfst, er schlief, geschlafen, der Schlaf, der Schläfer
die **Schlagzeile**, die Schlagzeilen
die **Schleife**, die Schleifen
schließlich
schlingen, du schlingst, er schlang, die Schlinge
der **Schlitz**, die Schlitze
das **Schloss**, die Schlösser
schluchzen, du schluchzt, er schluchzte
schlucken, du schluckst, er schluckte, der Schluck
schlüpfen, du schlüpfst, er schlüpfte, das Schlupfloch
schmal, der schmale Steg
schmeißen, du schmeißt, er schmiss
schmelzen, es schmilzt, es ist geschmolzen, der Schmelz
schmieren, du schmierst, er schmierte, die Schmiere
das **Schnitzel**
der **Schnupfen**
die **Schnur**, die Schnüre, schnüren, du schnürst
schon
sich **schonen**, du schonst dich, er schonte sich, die Schonung
schräg, ein schräger Hang
schrauben, du schraubst, er schraubte, die Schraube
der **Schreck**, schrecklich
schreiten, du schreitest, er schritt, der Schritt
die **Schuld**, schuldig, schuldlos
der **Schuss**, die Schüsse
schütten, du schüttest, er schüttete, der Schutt
schwanken, du schwankst, er schwankte
schwitzen, du schwitzt, er schwitzte, der Schweiß
sechs, sechzehn, sechzig, sechshundert
sehr, sehr gut
die **Seide**, seidig
sein, ich bin, du bist, er ist, wir sind, ihr seid, sie sind, du warst, er war, gewesen
seine, seiner
seit, seit heute, seit wann
die **Seite**, die Seiten
selber, selbst
senken, du senkst, er senkte, die Senkung
sich
sicher, eine sichere Stelle
sicherlich
sichern, du sicherst, er sicherte, die Sicherheit
die **Sicht**, eine gute Sicht
sie
sieben, siebzehn, siebzig, siebenhundert
siegen, du siegst, er siegte, der Sieger, siegreich
das **Silber**, silbern, silbrig
Silvester, der Silvesterabend
sinken, du sinkst, es sinkt, es sank, gesunken, die Senke
das **Skateboard**
der **Ski**, die Skier *oder:* die Schi, die Schier
das **Snowboard**
so
sofort, sofort kommen
sogar, sogar heute
solche, solcher, solches
sich **sorgen** du sorgst dich, die Sorge
die **Soße**, die Soßen
die **Spalte**, die Spalten
spannen, du spannst, er spannte, die Spannung
der **Spaß**, die Späße, spaßig
spät, am späten Abend
spazieren, du spazierst, er spazierte, der Spaziergang
spenden, du spendest, er spendete, die Spende
der **Spiegel**, die Spiegel, die Spiegelung, sich spiegeln
spielen, du spielst, er spielte, das Spiel
der **Sport**, der Sportler, die Sportlerin, sportlich
spotten, du spottest, er spottete, der Spott, spöttisch
sprechen, du sprichst, er sprach, gesprochen, die Sprache
sprengen, du sprengst, er sprengte, die Sprengung
der **Spruch**, die Sprüche
spülen, du spülst, er spülte, die Spüle, die Spülung
die **Spur**, die Spuren, mehrspurig
der **Staat**, die Staaten, staatlich
das **Stadion**
der **Stamm**, die Stämme, stämmig
der **Stängel**, die Stängel

starten, du startest, er startete, der Start
statt, stattfinden
staubig, der Staub
stechen, du stichst, er stach, der Stich
stehlen, du stiehlst, er stahl, gestohlen, der Diebstahl
stempeln, du stempelst, er stempelte, der Stempel
sterben, du stirbst, er starb, gestorben
der **Stern**, die Sterne, die stern(en)klare Nacht
stets (immer)
das **Steuer**, steuern
die **Steuer**, Steuern zahlen, die Hundesteuer
der **Stiel**, die Stiele
der **Stift**, die Stifte
die **Stimme**, die Stimmen, stimmen, es stimmt, die Stimmung
der **Stock**, die Stöcke
stolz, stolz wie ein Pfau, der Stolz
stolzieren, du stolzierst, er stolzierte
stören, du störst, er störte, die Störung
stoßen, du stößt, er stieß, der Stoß
strahlen, du strahlst, er strahlte, der Strahl
der **Strauß**, die Sträuße
sich **strecken**, du streckst dich, er streckte sich, die Strecke, die Streckung
streicheln, du streichelst, er streichelte
streichen, du streichst, er strich, der Strich
streiten, du streitest, er stritt, gestritten, der Streit
streng, die Strenge
stricken, du strickst, er strickte, der Strick, die Stricknadel
das **Stroh**, strohig
der **Strom**, die Ströme, die Strömung, strömen
der **Strumpf**, die Strümpfe
die **Stube**, die Stuben
stumm, ein stummer Mensch
stumpf, ein stumpfes Messer
stürmen, du stürmst, er stürmte, der Stürmer, der Sturm
stürzen, du stürzt, er stürzte, der Sturz
subtrahieren, du subtrahierst, die Subtraktion
suchen, du suchst, er suchte, der Sucher, die Suchmaschine
surfen, du surfst, er surfte, das Surfbrett, im Internet surfen
süß, die Süßigkeiten,
süßen, du süßt, versüßen

T t

die **Tabelle**, die Tabellen
das **Tablett**, die Tabletts
der **Talisman**
tapfer, der tapfere Ritter, die Tapferkeit
die **Tat**, die Taten
tauschen, du tauschst, er tauschte, der Tausch
sich **täuschen**, du täuschst dich, die Täuschung
tausend, eintausend
das **Taxi**, die Taxis
die **Technik**, der Techniker, die Technikerin, technisch
der **Teer**, die Straße teeren
telefonieren, du telefonierst, er telefonierte, das Telefon, telefonisch
das **Telegramm**, die Telegramme
der **Teppich**, die Teppiche
der **Termin**, die Termine
testen du testest, er testete, der Test
teuer, das teure Kleid
der **Text**, die Texte
das **Thermometer**, die Thermometer
das **Ticket**, die Tickets
tippen, du tippst, er tippte, der Tipp
der **Titel**, der Buchtitel
toll, ein tolles Erlebnis
die **Tour**, die Touren, der Tourist, die Touristin
trainieren, du trainierst, er trainierte, der Trainer, das Training
die **Träne**, die Tränen,
sich **trauen**, du traust dich, er traute sich, die Trauung
träumen, du träumst, er träumte, der Traum, träumerisch
traurig, die Trauer
treffen, du triffst, er traf, der Treffpunkt
trennen, du trennst, er trennte, die Trennung
treten, du trittst, er trat, getreten, der Tritt
der **Tropfen**, die Tropfen, tropfen, es tropft, tröpfeln
der **Trost**, trösten, tröstlich
trotzig, der Trotz
das **T-Shirt**
der **Turm**, die Türme
der **Typ**, die Typen, typisch

U u

über
überall, überhaupt
überraschen, du überraschst, er überraschte, die Überraschung
üblich, der übliche Weg
übrig, übrigens
ulkig, ein ulkiges Bild, verulken
um
umher, umherlaufen
und
ungefähr
das **Unglück**, unglücklich
uns, unser, unsere Klasse
unten, unter
der **Unterricht**, unterrichten, er unterrichtete

unterscheiden, der Unterschied, unterschiedlich
unversehens
uralt, die Urgroßeltern
der **Urlaub**, die Urlauber
die **Urzeit**, urzeitlich

V v

die **Vase**, die Vasen
das **Veilchen**, die Veilchen
das **Ventil**, die Ventile
verachten; du verachtest ihn, die Verachtung, verächtlich
verbessern; du verbesserst die Fehler, er verbesserte, die Verbesserung, unverbesserlich
verbieten, du verbietest, er verbat, verboten, das Verbot
verdächtigen, du verdächtigst, er verdächtigte, der Verdacht
verkehrt
verknacksen
verlegen sein, du bist verlegen, er war verlegen, die Verlegenheit
sich **verletzen**, du verletzt dich, er verletzte sich, die Verletzung
vernünftig, die Vernunft
verraten, du verrätst, er verriet, der Verrat
sich **versammeln**, sie versammelten sich, die Versammlung
versäumen, du versäumst, er versäumte, das Versäumnis
sich **versöhnen**, du versöhnst dich, er versöhnte sich, die Versöhnung
verständlich, eine verständliche Antwort, die Verständigung
verteidigen, du verteidigst, er verteidigte, die Verteidigung
die **Verwandtschaft**, verwandtschaftlich
verwechseln, du verwechselst, er verwechselte, die Verwechslung
das **Verzeichnis**
verzeihen, du verzeihst, er verzieh; Verzeihung!
das **Video**, die Videos
das **Vieh**, die Viehherde
vielleicht
vier, vierzig, vierhundert
das **Viereck,** die Vierecke, viereckig
das **Volk**, die Völker
voll, völlig
vom
von
vor, vorbei,
voran, voraus
vorder-, das Vorderrad
vorig, im vorigen Monat
der **Vormittag**, die Vormittage, vormittags
der **Vorrat**, die Vorräte, vorrätig
die **Vorsicht**, vorsichtig, unvorsichtig
vorwärts

W w

die **Waage**, die Waagen
das **Wachs**, wachsen; er wachste die Schier
wachsen, du wächst, er wuchs, gewachsen, der Wuchs, das Gewächs
wacklig, ein wackliges Geländer, wackeln
wagen, du wagst, er wagte, das Wagnis
wählen, du wählst, er wählte, die Wahl
wahr, eine wahre Geschichte, die Wahrheit
während, während des Unterrichts
das **Wahrzeichen**, die Wahrzeichen
die **Waise**, das Waisenkind
der **Wal**, die Wale
der **Wald**, die Wälder, waldig
der **Walkman**
wandern, du wanderst, er wanderte, die Wanderung
war (Grundform: sein)
warm, sich wärmen, du wärmst dich, er wärmte sich, die Wärme
warnen, du warnst, er warnte, die Warnung
was
weben, du webst, er webte, der Weber, die Weberin
wechseln, du wechselst, er wechselte, der Wechsel, die Verwechslung
wecken, du weckst, er weckte, der Wecker
weder, weder noch, entweder
weg, wegnehmen
wegen, wegen dir
weh; es tut weh; O weh!
sich **wehren**, du wehrst dich, er wehrte sich
welche, welcher, welches
die **Welle**, die Wellen
wenden, du wendest, er wendete, die Wendung
wenn
werden, ich werde, du wirst, er wird, ihr werdet, du wurdest, er wurde, wir wurden, ihr wurdet, geworden
werten, du wertest, er wertete, auswerten, die Wertung
wessen
wetten, du wettest, er wettete, die Wette
das **Wetter**, die Wetterregel
wichtig, die Wichtigkeit

wider (gegen),
wider alle Regeln,
widerlegen
wie
wieder (noch einmal),
wieder einmal,
wiederholen
wiegen, du wiegst,
er wog, die Waage
winken, du winkst,
er winkte, der Wink
wir
wirken, du wirkst,
es wirkte, die Wirkung
wirklich, die Wirklichkeit
der **Witz**, die Witze, witzig
wo
wohl, sich wohl fühlen,
wohlig, das Wohl
wund, die Wunde
wünschen, du wünschst,
er wünschte, der Wunsch
wütend, die Wut

X x

x-Beine, x-mal,
x-beliebig
das **Xylophon**,
die Xylophone

Y y

die **Yacht** *oder* Jacht,
die Yachten
der **Yeti** (Schneemensch)
das **Yoga** *oder:* Joga
das **Ypsilon** (Buchstabe)

Z z

zäh, zähes Fleisch
zahm, zähmen,
du zähmst, er zähmte,
die Zähmung
sich **zanken**, du zankst dich,
er zankte sich, der Zank,
das Gezänk, zänkisch
zappeln, du zappelst,
er zappelte, zapplig
zaubern, du zauberst,
er zauberte, der Zaube-
rer, zauberhaft
zehn, zehntausend
die **Zeit**
die **Zeitung**, die Zeitungen
zelten, du zeltest,
er zeltete, das Zelt
das **Zentrum**
zerbrechen,
du zerbrichst, er zerbrach
das **Zeugnis**, die Zeugnisse
zierlich,
eine zierliche Figur
der **Zipfel**, die Zipfel,
die Zipfelmütze, zipflig
der **Zirkel**, die Zirkel
zischen, es zischt,
die Schlange zischte
die **Zitrone**, die Zitronen
der **Zopf**, die Zöpfe
zu
der **Zucker**, zuckern,
gezuckert, zuckrig
die **Zukunft**, zukünftig
zum, zur
zupfen, du zupfst,
er zupfte
sich **zurechtfinden**,
du findest dich zurecht,
er fand sich zurecht
zuverlässig
züchten, du züchtest,
er züchtete, die Zucht,
die Züchtung
zwanzig, zwanzigmal
zwar
der **Zweck**, zwecklos
zwei, zweihundert,
zweitausend
zweifeln, du zweifelst,
er zweifelte, der Zweifel
der **Zwilling**, die Zwillinge
zwingen, du zwingst,
er zwang, der Zwang
zwölf, zwölftausend

Kapitel	Sprechen und Zuhören	Schreiben/ Texte verfassen
In der Schule Seite 7–16	Bild und Lied als Erzählanlass: Vorstellungen von einer Traumschule äußern • sich über Bedingungen für ein angenehmes Lern- und Arbeitsklima verständigen • Fragen stellen und nach Lösungen suchen • Plakate vorstellen • Wünsche im Hinblick auf ihre Realisierbarkeit beurteilen • Gesprächsregeln anwenden • sich zu vorgegebenen Meinungen äußern • Interview vorbereiten und durchführen	Fragenkataloge aufstellen zu den Themen „Traumschule“ , „Weiterführende Schulen“ • Plakate gestalten • Vorhaben in einen Kalender eintragen
Im Herbst Seite 17–24	Bild und Gedicht als Sprechanlass: herbstliche Veränderungen • Sachtext über das Reh lesen • Fragen zum Text beantworten • Inhalt des Textes nach Stichpunkten wiedergeben • Vortrag über das Reh oder ein anderes Tier halten • Farbengeschichte weitererzählen • das Regengedicht zum Erzählen nutzen • über die Bedeutung der Redensarten sprechen • ein Regenmärchen oder eine Bildgeschichte erzählen • über Halloween berichten • Hexensprüche erfinden	Stichpunkte notieren • Farbengeschichte aufschreiben • Farb-Elfchen erfinden und aufschreiben • Redensarten, ein Regenhaiku und ein Regenmärchen verfassen • Wörtertreppen notieren • Rezepte für Gruselgetränke, eine Hexenbotschaft (Monsterpost) und Hexensprüche aufschreiben
Meine Wünsche und Träume Seite 25–32	Bild und Gedicht als Erzählanlass: über Wünsche und Träume sprechen • über Wünsche in Märchen sprechen • Informationen einholen und auswerten • Regeln aufstellen (Umgang mit dem Klassenbriefkasten)	Fantastische und realistische Wünsche formulieren • Kurzbriefe: Wünsche, Bitte und Dank formulieren
Miteinander leben Seite 33–42	Bild und Gedicht als Sprech- und Erzählanlass: was sich Freunde erzählen, über zwischenmenschliche Beziehungen sprechen, über Freundschaft und Liebe • Texte lesen und sich eine Meinung bilden • Meinungen äußern und mit persönlichen Erlebnissen verbinden • Geschichten weitererzählen • Gefühle beschreiben und Gefühle ausdrücken • mit Sprache spielen	Briefe an Freunde schreiben • eine Erlebnissituation aufschreiben • Arbeit an Texten: Texte verändern, Sätze nach vorgegebenen Satzbauplänen schreiben, ein eigenes Erlebnis aufschreiben • Gefühle ausdrücken • Ich-Botschaften schreiben
Im Winter Seite 43–52	Gedicht und Bild als Erzählanlass: Vorstellungen von Herrn Winter und der Weihnachtszeit • bekannte und erdachte Märchen erzählen • Märchen nach Verben erzählen (Erzählspur) • Geschenke anfertigen: MInibüchlein, Märchenalphabet • Märchen in moderner lustiger Fassung erzählen • von winterlichen Bräuchen erzählen	Ein Zählgedicht schreiben • Backrezepte aufschreiben • einen Gegenstand beschreiben
Von Tieren und Menschen Seite 53–62	Bild und Gedicht als Sprechanlass: Unterschiede und Gemeinsamkeiten von Mensch und Tier • Informationen zum Thema aus verschiedenen Medien auswählen • einen Kurzvortrag nach Stichpunkten vorbereiten und halten • von Gehörtem und Gelesenem erzählen • miteinander sprechen, Meinungen austauschen und begründen • Einwände und Zustimmung äußern • Sprachmuster nutzen können	Informationen aus einem Sachtext entnehmen und Fragen beantworten • einen Sachtext am PC schreiben • Tipps zum Erzählen, eigene Geschichte schreiben • Schreibkonferenz • den Höhepunkt einer Geschichte spannend gestalten • Wünsche aus der Sicht eines Tieres aufschreiben • appellarischen Text formulieren
Kreuz und quer durchs Land Seite 63–70	Bild und Liedanfang als Sprechanlass: in eigener Mundart sprechen • Mundarttexte hören, lesen, verstehen, vortragen, spielerisch darstellen • Wörter, Sprüche und Begebenheiten in Mundart sammeln und vortragen• eigene ortstypische Speisen nennen • Rezepte aufschreiben • Gespräch über Sehenswürdigkeiten der eigenen Landeshauptstadt • Beschreiben einer Sehenswürdigkeit • Informationen über die eigene Landeshauptstadt sammeln und austauschen • verschiedene Medien nutzen • heimatliche Sagen und Legenden erzählen	Ein kleines Buch mit Wörtern, Sprüchen, besonderen Begebenheiten in Mundart anlegen • eine Vorgangsbeschreibung (Zubereitung von Kartoffelpuffern) in die richtige Reihenfolge bringen und aufschreiben • Fragen zu einem Sachverhalt und entsprechende fallrichtige Antworten notieren • Suchrätsel erstellen • Wissensquiz erarbeiten • die Arbeit mit Mind-Map anbahnen

Sprache und Sprachgebrauch untersuchen	Rechtschreiben	Projekte / Fächerübergreifende Ideen
Satzarten: Frage-, Aussage-, Aufforderungssatz • Zeitformen der Verben: Infinitiv, Präsens, Präteritum • Einführung: Perfekt • starke und schwache Verben • Wörter nach Wortarten ordnen	Mit dem Wörterbuch/-verzeichnis arbeiten: Wörter im Wörterbuch/-verzeichnis aufsuchen • nach dem Alphabet ordnen • Homonyme • Wörter mit *ch* und *sch*: Minimalpaare, Reimwörter • Wortfamilie • Wortstamm • Fehlerschwerpunkte üben: Doppelkonsonanten, Dehnung • Übungsdiktat • Rechtschreibgespräch	Projekt Traumschule: Realisierbare Vorhaben • Kooperation mit jüngeren Schülern • Abschlussgeschenk für jüngere Schulkinder • Schulmuseum besuchen • die Schulzeit der Großeltern erkunden
Farbadjektive, in Wortgruppen verwenden • zusammengesetzte Adjektive bilden • Verben: Präsens, Präteritum, Perfekt • Wortstämme • zweiteilige Prädikate • Wortarten erkennen • von Verben abgeleitete Nomen auf *-ung* • abgeleitete Adjektive auf *-ig, -lich, -isch*	Wörter mit *doppeltem Konsonanten* • mit dem Grundwortschatz arbeiten • Reimwortbildung • Wortstämme vergleichen • zusammengesetzte Verben bilden und in Sätzen verwenden • verwandte Nomen auf *-ung* • abgeleitete Adjektive auf *-ig, -lich, -isch* • zusammengesetzte Nomen • verschiedene Möglichkeiten zur individuellen Festigung der Wörter der Wortleiste	Veränderungen der Tiere im Herbst beobachten • Unterrichtsgang mit dem Förster organisieren • Blätterdruck in den Herbstfarben anfertigen • Regenprojekt planen und durchführen • Halloween organisieren (Masken basteln Gruselspiele, Hexensprüche, -lieder, Monsterpost)
Einführung: Verben im Futur • Abstrakta • Konjugation von *werden* • Satzverbindungen anbahnen • fallrichtiges Schreiben: Deklination von *das Glück* • Wortfamilie *träumen* • verwandte Wörter zu *weisen*	Umlaute und Zwielaute • Wörter mit *aa, ee, oo* • mit dem Grundwortschatz arbeiten • Reimwörter • Strategie *a>ä, au>äu, eu* oder *äu* • Adjektive auf *-ig* und *-lich* • zusammengesetzte Nomen • aus *aa* wird manchmal *ä* • Übungsdiktat	Klassenbriefkasten nutzen • Tagebuch: über die Funktion sprechen, Tagebuch schreiben, Ausschnitte aus fiktiven Tagebüchern lesen
Nomen in Nominativ, Dativ, Akkusativ • Ersatzprobe mit Personalpronomen • vielseitige Arbeit mit dem Satzbauplan • Einführung: die Ergänzung zum Prädikat – das Objekt: Dativ- und Akkusativobjekt erfragen • Einführung: die Präposition • Präpositionen erkennen und einsetzen • Anbahnen: Ortsbestimmung: *Wo? Woher? Wohin?*	Wörter mit *ng* und *nk* • Wörter mit *pf* • mit dem Grundwortschatz arbeiten: Wortfamilien, Wortstamm, Reime, tabellarisches Ordnen • Wortbedeutungen erschließen (Teekesselraten), zusammengesetzte Nomen bilden • Wortgruppen mit Präpositionen bilden • Strategie: Übungsmöglichkeiten für ein Übungsdiktat • Übungsmöglichkeiten mit der Wörterkiste und dem Wörterbuch	Thematische Rollenspiele • Liedgestaltung („Anders als du") • Buchbesprechungen bzw. Lesungen: „Ben liebt Anna" von Peter Härtling; „Der Sprachabschneider" von Hans-Joachim Schädlich
Zeitformen und Stammformen bilden • Prinzip der Stammbewahrung • Präsens, Präteritum, Perfekt bei starken und schwachen Verben • Komma bei Aufzählung • Endung bei Adjektiven • Sätze verbinden • die Verbformen des Futurs • die vier Fälle • Einführung: Genitivform des Nomens	Wörter mit *sp* und *st* üben • Zeichensetzung bei Aufzählungen und komplexen Sätzen üben • Reime • abgeleitete und zusammengesetzte Nomen bilden • Rätsel lösen • Wörter alphabetisch ordnen • Singular und Plural bilden	Ein Minimärchenbuch schreiben • eine Seite eines Märchenalphabets schön gestalten • ein Zählgedicht schreiben, als Geschenk gestalten • Buchtipp: „Janosch erzählt Grimms Märchen" • Rezept für Festgebäck probieren
Stammformen der Verben aufschreiben und den Wortstamm beachten • Einwände oder Zustimmung mit den Konjunktionen *weil, denn, da* begründen	Wörter mit *ss* und *ß* • Länge und Kürze der Vokale erkennen und für die Schreibung nutzen • Nomen im Plural bilden und nach Silben trennen • Wortfamilie aufschreiben • Wortbedeutungen untersuchen • Rechtschreibstrategien anwenden • zusammengesetzte Nomen bilden • Nomen mit den Suffixen *-nis* und *-nisse* üben • Stammformen der Verben üben • Rätsel lösen	Sachtexte zu Fledermäusen präsentieren• Bücher über bedrohte Tiere lesen • ein Tierheim besuchen • Mappe mit „Wünschen" von Tieren an die Menschen zusammenstellen • Meinungen in der Regionalpresse oder Schülerzeitung veröffentlichen
Mundart verstehen und vergleichen • fallrichtiges Sprechen und Schreiben bei Orts- und Richtungsangaben: *Wo? Wohin?* • Präpositionen verwenden • stammverwandte Nomen finden • verwandte Verben mit der Vorsilbe *ver-* bilden • Wortstämme • abgeleitete Adjektive auf *-ig, -lich, -isch* • Gegensatzpaare bei Adjektiven	Wörter mit *b, d, g* am Wortstammende und am Wortende • mit dem Grundwortschatz arbeiten: Verben im Präteritum und im Infinitiv aufschreiben • stammverwandte Nomen bilden • verwandte Verben mit der Vorsilbe *ver-* finden • Reimwörter • auf Wortstämme achten • Nomen in Singular und Plural • Wortfamilien zusammenstellen • Ergänzungsübung von *b, d, g, p, t, k* (Strategie: verlängern, Plural, Grundwort)	Kartoffelprojekt • Kartoffelgerichte • Kartoffeldruck • eine Stadtsafari durch die Landeshauptstadt organisieren und durchführen, darüber ein Heft in Gruppenarbeit zusammenstellen

Kapitel	Sprechen und Zuhören	Schreiben/ Texte verfassen
Seltsames und Interessantes Seite 71–82	Bild und Gedicht als Sprechanlass: Sprachspiele mit Tiernamen erfinden • Figuren erkennen, etwas über sie erzählen • Texte mit verteilten Rollen lesen und erfassen, Meinungen äußern • Texte nacherzählen, auch mit unterschiedlicher Erzählperspektive • Tipps beachten • zu den Erzählungen Überschriften finden • Interview planen, durchführen • Sachtexte aus Kinderzeitschriften lesen, Hauptinformationen finden, Fragen stellen, Meinungen äußern • Bild beschreiben	Einführung: schriftliche Nacherzählung, unterschiedliche Erzählperspektiven, gegebene Strategien und Tipps beachten • Text in Ich-Form setzen • Leserbrief schreiben • Ergebnisse des Interviews darstellen • Sätze umstellen • eigene Sätze nach Vorgaben (Orts- und Zeitangaben) bilden • ein Quiz-Spiel zu interessanten Erfindungen anfertigen
Im Frühling Seite 83–90	Bild und Gedicht als Sprech- und Erzählanlass: Frühlingseindrücke • Spiele im Freien, Spielregeln • Frühlingsfeste, Bräuche erkunden, Informationen einholen und darstellen • Arbeit mit unterschiedlichen Texten: lesen, vortragen, interpretieren • Wortfeldübungen, Wortbedeutungen erschließen, Wortspielereien	Frühlingsgedichte schreiben: Haiku, Elfchen, umgeformte Originaltexte, Texte (Gedichte) abschreiben • Aufforderungen formulieren: Bastelanweisungen, Spielanweisungen • Wortfeldübungen • Übungen zur Satzbildung • Informationen zu Bräuchen darstellen
Unsere Welt Seite 91–98	Bild und Gedicht als Erzähl- und Sprechanlass: Faszination Weltall • Sachtext lesen und Informationen entnehmen • mündliches Beschreiben des Planeten Mars nach Stichpunkten • Fragen stellen und entsprechende Antworten geben • Informationen aus Sachbüchern entnehmen und Vortrag halten • Wörter in verschiedenen Sprachen zu lesen versuchen • Bedeutung der Vornamen erkunden • ein Interview führen • mit verteilten Rollen spielen • Comic erzählen und Geräuschwörter nachahmen	Stichpunkte zu einem Sachtext aufschreiben • sinnvolle Aussagesätze notieren • ein Vornamenbüchlein gestalten • Fragen zu einem Interview aufschreiben • einen Comic ausdenken, malen und schreiben
Mit Medien leben Seite 99–108	Bild und Gedicht als Sprechanlass: den Computer nutzen • Nach einer Anleitung handeln: Einführung Internet-Recherche • Fachbegriffe aus dem Bereich Internet erklären • sich über Presseerzeugnisse informieren, diese sammeln und vorstellen • Interview durchführen, Ergebnisse präsentieren • sich zu einem Zeitungsartikel positionieren • im Gespräch einen Arbeitsplan aufstellen • Redaktionskonferenzen zu unterschiedlichen Arbeitsschritten	Ideen für die Klassenzeitung in Stichworten notieren • Arbeitsplan schriftlich fixieren • über ein Ereignis berichten: strukturierende Fragen für die Textplanung, Stichpunkte, einen Bericht verfassen und überarbeiten • Weiterführung Schreibkonferenz (Redaktionskonferenz) • Texte unterschiedlicher Zielrichtung für die Klassenzeitung verfassen und überarbeiten • Text- und Seitengestaltung • Werbesprüche verfassen
Für Krimiliebhaber und Gruselfans Seite 109–118	Bild und Gedicht als Mal- und Spielanlass nutzen • Gespenstergeschichte spielen • Textpassagen aus „Emil und die Detektive“ lesen und erzählen • sich in eine andere Person hineinversetzen und aus deren Sicht berichten • Situation aus dem Kinderbuch auswählen und vorspielen • Gedichte vortragen und lernen • Personen beschreiben – ein Ratespiel	Gruselgeschichte zu einer Bildfolge schreiben • Emils Gedanken aufschreiben • Ereignis aus verschiedenen Perspektiven beschreiben und in verschiedenen Textsorten wiedergeben • Teile von Sprichwörtern zusammensetzen • Alliterationsgeschichte schreiben
Im Sommer Seite 119–126	Bild und Gedicht als Erzählanlass: Über Empfindungen und Gefühle sprechen • Informationen aus Sachtexten entnehmen, Fragen dazu beantworten • Wetterregeln und Aberglauben betrachten • Plan für ein Sommerfest aufstellen, Aufgabenverteilung beraten • Sätze und Zungenbrecher	Geheimschrift (Bilderrätsel) entschlüsseln • unheimliche Geschichte erfinden • Tipps für das Schreiben und die Gliederung einer Geschichte • Wünsche aufschreiben • Erinnerungsplakette basteln und mit einem Auftrag beschriften

Sprache und Sprachgebrauch untersuchen	Rechtschreiben	Projekte / Fächerübergreifende Ideen
Anbahnen und Weiterführen: Ortsangaben und Zeitangaben erfragen und ordnen • mit Satzbausteinen arbeiten, Erweiterung des Satzbauplanes • Einführung: Orts- und Zeitangaben sind Satzglieder • Arbeit mit Verben: Zeitformen bilden, Prädikate verwenden • Nomen mit der Nachsilbe *-ung* ableiten • zusammengesetzte Nomen bilden und als Subjekte verwenden • das Nomen *Vase* in vier Fälle setzen	Wörter mit und ohne *h* nach langem Vokal • Wörter mit *V v* • mit dem Grundwortschatz arbeiten: Wortfamilien, Wortstamm, Ableitungen, Zusammensetzungen • Strategie: Rechtschreibgespräche, Wortbedeutung erschließen, Redewendungen, Wortspielereien • Verben mit der Vorsilbe *ver-* • Übungsdiktat, Strategie: verschiedene Übungsmöglichkeiten • Übungen mit dem Wörterbuch, der Wörterkiste, dem Lernwortfächer	Lesefest vorbereiten, verschiedene Bücher vorstellen (Tipps) • interessante Personen des Ortes auffinden: Interview planen, durchführen, Ergebnisse vorstellen, verschiedene Medien nutzen • Quizspiele erarbeiten und einsetzen • Kinderzeitschrift GEOlino vorstellen
Satzarten und Satzzeichen • Stellung des Verbs im Satz • Ergänzen des Satzkerns mit den Satzgliedern Objekt, Orts- und Zeitangaben • Umstellprobe • Imperativformen erfassen • Arbeit mit den Verben: Zeitformen und Personalformen bilden • Nomen in verschiedenen Wortfamilien • Adjektive richtig einsetzen	Wörter mit *-ie* • mit dem Grundwortschatz arbeiten: Wortstamm, Wortarten in der Wortfamilie • Strategie: Rechtschreibgespräch • Wortbedeutungen, Wortspiele Adjektive auf *-ig* und *-lich* • Übungsdiktat	Zum Muttertag und anderen festlichen Gelegenheiten: Geschenkideen finden und Anleitungen formulieren • Gestaltungsarbeiten mit Gedichten, Basteleien (Flaschengarten, Fensterschmuck) • Rezepte und Gedichte sammeln
Nach Zeitangaben unter Verwendung der Präpositionen fragen • Satzglieder umstellen • Satzbauplan anfertigen • Ähnlichkeiten in verschiedenen Sprachen entdecken • Bedeutung der Vornamen erforschen: Unterschiede und Gemeinsamkeiten erkennen • wörtliche Rede, Stellung des Begleitsatzes • Verben im Infinitiv und im Präteritum • verwandte Nomen finden • zusammengesetzte Nomen • gegenteilige Adjektive • Wortfamilie	Wörter mit *ck, tz* und *z* • mit dem Grundwortschatz arbeiten: konjugierte Verben im Präteritum • verwandte Nomen zu Verben finden • zusammengesetzte Nomen bilden • Gegensatzpaare bei Adjektiven finden • Aussagesätze bilden • Reimwörter • Wortfamilien • Trennung von Wörtern mit *tz* • sinnvolles Einsetzen in Wortgruppen	Weltraumprojekt organisieren und verschiedene Medien nutzen (Bibliothek, Internet) • Beobachtung des Sternenhimmels • ein eigenes Büchlein mit fremdsprachigen Wörtern und deren Übersetzung anlegen • Comic ausdenken
Wortschatzerweiterung (Fachbegriffe aus den Bereichen Internet und Zeitungswesen) • Präteritum • abgeleitete Adjektive auf *-ig, -lich, -isch* • Adjektive steigern • Nomen auf *-ung, -nis, -heit, -keit*	Verlängern bei Adjektiven auf *-ig* • Wortstamm • Zeichensetzung bei wörtlicher Rede mit unterschiedlicher Stellung des Begleitsatzes • Übungsdiktat	Redaktion einer Tageszeitung besuchen • Klassenzeitung gemeinsam planen und herstellen • das Internet als Informationsquelle nutzen • Steckbriefe zu Kindern aus der Klasse gestalten • Computerspiele, Kinderzeitschriften, Spiele usw. vorstellen • verschiedene Medien in der Freizeit nutzen (Computerspiele, Kinderzeitschriften)
Verschiedene sprachliche Ausdrucksmöglichkeiten von Kindern im Text untersuchen • Sprachspiele: Redewendungen, Metaphern, Sprichwörter, Rätsel, Alliterationen, Anagramme, Rücklingssätze, Ober- und Unterbegriffe, Wörter nach dem Alphabet ordnen	Wörter mit *chs, cks, ks, x, qu* • mit dem Grundwortschatz arbeiten: Wortfamilie, Merkverse, Homonyme, Übungsdiktat	Kinderbuch vorstellen • Sprachspiele sammeln • Fingerabdrücke ausprobieren und beschreiben (Ratespiel) • evtl. ein Detektiv-Geschichten-Büchlein herstellen
Gegenstände aufzählen und Kommas setzen • Aufforderungssätze bilden, Zeichensetzung beachten • Nomen im Genitiv • abgeleitete Nomen mit dem Präfix *Ge-* • Sätze verbinden, Konjunktionen *weil, denn, damit* als Signal für die Kommasetzung • vier Fälle der Nomen • Wortfelder	Wörter mit *doppeltem Konsonanten* • Silbentrennung • Verben im Perfekt und Präteritum • Zeichensetzung bei Aufzählungen in komplexen Sätzen und in Aufforderungssätzen • zusammengesetzte und abgeleitete Nomen mit den Suffixen *-ung, -in, -innen* • Wörter alphabetisch ordnen • Gegensatzpaare • Rätsel • Strategie: verschiedene Übungsmöglichkeiten • Übungsdiktat	Bilderrätsel lösen und selbst erfinden • Vorlesewettstreit gestalten • Feste zur Sommersonnenwende erkunden • alte Wetterregeln: Aberglaube erkunden und werten • ein Sommerfest planen und gestalten • Ideen aufgreifen und weiterentwickeln

Auflösungen

24 HALLOWEEN **26** *Bäumchen rüttel dich* (Aschenputtel), *Hätt ich ein Kind* (Schneewittchen) **40/4** die Bank **41/4** das Pflaster **44/1** Dornröschen; Frau Holle; Das tapfere Schneiderlein **45/2** Frau Holle; Der Wolf und die sieben Geißlein **51/6** Rumpelstilzchen; Der gestiefelte Kater **60/1** **n**ass, **F**ass, **H**ass, **P**ass, **B**ass **61/6** TürSCHLOSSgraben, KartoffelKLOßmehl, BandMAßeinheit, WeinFASSbrause **89/7** der Spiegel **96/4** LottoGLÜCK(s)spiel, GespensterSCHRECKsekunde, BahnSTRECKE(n)führung, ZahnLÜCKE(n)füller **107/5** 1. E**r**gebnis 2. Gef**ä**ngnis 3. Fins**t**ernis, 4. Zeugni**s**, 5. **E**r**l**ebnis = RÄTSEL **114/2** der Hasenfuß, der Glückspilz, der Schlaumeier **120/1** ~~M~~AN~~N~~ ~~B~~(d)ER~~G~~ ~~T~~(S)ONNE(n) UHR ~~K~~AM~~M~~ RA~~D~~(t) ~~M~~(h)AUS = An der Sonnenuhr am Rathaus **124/4** der Sonnenbrand, der Schatten, der Donnerstag, der Schwamm; *Klammeraffe:* das Lamm, die Ammer, der/die Affe(n) **132/3** *Rätsel:* Riegel, Siegel, Tiegel, Ziegel; *Teekessel:* das Netz, das Schloss

Textquellen

Barry, R. **115** Münchens mehrfache Meisterköchin; Regal mit Sirup pur In: Kunterbuntes Sprachspielbuch. Freiburg: Herder Verlag 1979 **I** *Borchers, E.* **17** Es kommt eine Zeit („Oktober", gek.). In: Großer Ozean. Gedichte für alle. Weinheim und Basel: Beltz & Gelberg 2000 (Programm Beltz & Gelberg) **I** *Braem, H.* **99** Du mein allerliebster guter ... („Computer-Lied"). In: Großer Ozean. Gedichte für alle. A. a. O. **I** *Brüder Grimm* **26** Bäumchen rüttel dich (Aschenputtel); Hätt ich ein Kind (Schneewittchen). In: Kinder und Hausmärchen. München © Middelhauve Verlags GmbH für Der Kinderbuchverlag: Berlin 1963 **I** *Bydlinski, G.* **119** Ich sitze mit nackten Beinen („Wind und Gras"). In: Das große Kinderbuch von Himmel und Erde. Wien/München: Annette Betz Verlag 1993 **I** *Emerson, S.* **52** So zählt man (bis) Weihnachten. In: Bald ist Weihnachten. München: Franz Schneider Verlag 1996 **I** *Fontane, Th.* **119** ... am Himmel weiße Wölkchen nur („Mittag", gek.). In: Theodor Fontane Gedichte. Hrsg. von Karl Richter. Stuttgart: Philipp Reclam jun. 1998 **I** *Frank, K.* **33** Du bist anders als ich („Du und ich", gek.). In: Vom Dach die Schornsteinfeger grüßen mit Taucherflossen an den Füßen. München: Franz Schneider Verlag 1987 **I** *Fröhlich, R.* **25** Ich ging allein im Mondenschein („Der Zauberstein", gek. u. geänd.). In: Überall und neben dir, Gedichte für Kinder. Hans-Joachim Gelberg (Hrsg.). Weinheim und Basel: Beltz & Gelberg 1986 (Programm Beltz & Gelberg) **I** *Fühmann, F.* **31** Am Schneesee (gek.). In: Die dampfenden Hälse der Pferde im Turm von Babel. München © Middelhauve Verlags GmbH für Der Kinderbuchverlag: Berlin 1978 **I** *Gräfin Schönfeldt, S.* **87** Das Veilchenfest; 30. April, Walpurgisnacht. In Feste & Bräuche. durch das Jahr. Berlin: Urania 1999 **I** *Guggenmos, J.* **85** Die Amsel im Fliederbusch; **87** Gespräch am 1. A.... ; **88** Wenn ich durch die Lüfte fliege („Wer bin ich?", gek.) In: Was denkt die Maus am Donnerstag? Recklinghausen: Georg Bitter Verlag 1967 **I** *Hanisch, H.* **38** Ich könnte platzen („Meine zweimal geplatzte Haut", gek.). In: Überall und neben dir, Gedichte für Kinder. A. a. O. **I** *Härtling, P.* **34** Was ist los mit Ben? In: Ben liebt Anna (frei nacherz.) Weinheim und Basel: Beltz & Gelberg 1985 (Programm Beltz & Gelberg) **I** *Heinrich, K.* **51** Es stapft wer durch den Zauberwald (gek.); Ich weiß von einem Männlein (gek.). In: Kinder, kommt und ratet. Rätselsammlung. Neuwied: Luchterhand Verlag 1984 **I** *Janosch* **45** Es war einmal eine süße elektrische Dirn („Das elektrische Rotkäppchen", gek.). In: Janosch erzählt Grimms Märchen. Weinheim und Basel: Beltz & Gelberg 1991 (Programm Beltz & Gelberg) **I** *Kaléko, M.* **43** Die Pelzkappe voll mit schneeigen Tupfen („Der Winter"). In: Wie's auf dem Mond zugeht und andere Verse. Sigmaringen: Jan Thorbecke Verlag 1982 **I** *Kästner, E.* **111 f.** Als er aufwachte ... (Auszüge, gek.) In: Emil und die Detektive. Zürich: Atrium Verlag 1929; **72** Wie Eulenspiegel einen Esel das Lesen lehrte (gek.). In: Erich Kästner erzählt. Zwölf Geschichten. Hamburg: Cecilie Dressler Verlag 1982 **I** *Krenzer, R.* **48** Ein neues Jahr geht übers Land (gek.). In: Kommt, wir fangen einen Regenbogen. Freiburg: Herder Verlag 1997 **I** *Krüss, J.* **53** Es beißt nicht jede Qualle („Wie wir die Tiere nennen", gek.) In: Ueberreuters großes Geschichtenbuch. Wien: Verlag Carl Ueberreuter 1986; **88** Der Baum hat Knospen im April („April"). In: Das gereimte Jahr. Stuttgart: Boje-Verlag 1997 **I** *Manz, H.* **36** Nichts müssen, nichts sollen („Ferien machen – eine Kunst"); **124** Ein Regenschirm, ein Sonnenschirm. („Wettergeschichte"); **106** Ich. In: Die Welt der Wörter. Sprachbuch für Kinder und Neugierige. Weinheim und Basel: Beltz & Gelberg 1991 (Programm Beltz & Gelberg) **I** *Merkle, B.* **116** Füchse, Luchse, ... In: Deutsch – richtig schreiben 3. Zell: Tageslicht-Lehrbild-Verlag **I** *Metcalf, R.* **42** Anders als du. © by Robert Metcalf **I** *Morgenstern, Ch.* **109** Es lacht die Nachtalp-Henne („Die Fingur"). In: Alle Galgenlieder. Leipzig: Insel-Verlag Anton Kippenberg 1965 **I** *Nöstlinger, Ch.; Bauer, J.* **32** Morgen habe ich Geburtstag (gek.). In: Ein und Alles. Ein Jahresbuch mit Geschichten, Bildern, Texten, Sprüchen, Märchen und einem Tage-buch-Roman. Weinheim und Basel: Beltz & Gelberg 1992 (Programm Beltz & Gelberg) **I** *Pelz, M.* **32** I LOVE HIM SO! (gek.). Sweet Frufru. In: Gemeinsam sind wir unausstehlich. Geschichten rund um die Schule. Wagerer, Wolfgang (Hrsg.). Wien: Herder Verlag 1989 **I** *Rechlin, E.* **83** Ist 's auch noch kalt („Der Frühling", gek.). In: Mit dem Wetterhahn durch das Jahr. Hrsg. von Christine Merz. Freiburg: Herder Verlag 1993 **I** *Saalmann, G.* **71** Uns gab der kluge Marabu („Das exklusive Interview", gek). In: Großer Ozean. Gedichte für alle. A. a. O. **I** *Schädlich, H.-J.* **37** „Der Sprachabschneider" (Auszug). Reinbeck bei Hamburg: Rowohlt Verlag 1980 **I** *Schultze, M.* **98** Das Geheimnis der Schrift (chinesische Zeichen). In: Sag mir, wo der Pfeffer wächst. Münster: Ökotopia Verlag 1997 **I** *Voigts, L.* **64** De beeden Gäse. In: Lene Voigts Kochbuch. Leipzig: Connewitzer Verlagsbuchhandlung 2000 **I** *Volksweise* **52** Mer hobn aah Neinerlaa gekocht. ('s Heilig-Obnd-Lied) . Worte: Amalie von Elterlein, um 1930 **I** *Wilfert, S. (Hrsg.)* **110** Das Spenst von Laura Feuerland (gek.). In: Lesemaus-Geschichten: Vier Geschichten zum Staunen. Oldenbourg 1992 **I** *Wittkamp, F.* **20** Tropfen fallen. In: Der dicke Hund 1992 für alle Kinder. Weinheim und Basel: Beltz Verlag 1991 (Programm Beltz & Gelberg) **I 58** Sieben Baby-Meerschweinchen ... („Asyl für sieben ‚Schneeschweinchen'", gek.). In: Volksstimme, Dez. 2001 **I 62** Das wünsch ich mir von dir (Der Hund, Der Papagei); **118** Unverwechselbar/Fingerabdrücke. In: Das große Jugendbuch. Stuttgart: Das Beste 1997 **I 108** Für Pferdenarren (Nr. 1 Jan. 2001); Warum heißt der Euro Euro? (Nr. 10 Okt. 2001); Der kleine Vampir (Nr. 3 März 2001). In: TREFF Das spannende Schülermagazin **I 76/77** Menschenskinder. In: GEOlino Nr. 4 und 3/2004 **I 101** Kinder ab 4 Jahren müssen zahlen. In: Märkische Oderzeitung 24./25.04.2004

Bild- und Fotoquellen

7 Tourist-Information Lutherstadt Wittenberg **I 10** o. Aus: Horst Schiffler, Rolf Winkeler „Tausend Jahre Schule" Belser Verlag, Gertraud Ernst, Freiburg **I 11** o. Aus: Claus-Peter Gross „... verliebt, ...verlobt, ...verheiratet" **I 14** o. Uta Bettzieche „ABC-Detektiv" **I** Gerhard Medoch Collage: **17**, **33**, **53**, **83**, **91** (Astronaut), **99** (Leuchtturm), **109**, **119**; Foto **33** (Mädchen), **43**, **61**, **105** **I 18** OKAPIA/Manfred Danegger **I** Superbild: HAGA II **24**; Ina Günther (2 Jungen li.) **33**; HAG **48** o.; Number Three **83**; Alaska Stock **119** **I** Archiv VWV: Caspar David Friedrich „Mondaufgang am Meer" **25**; Pippi Langstrumpf **71**; Spiralgalaxien, Sternzeichen **91**; Mars **92** o. **I 27** S. O. S. Kinderdorf e. V. Roswitha Damm **I 54** o. Japan: Animal Photo. Aus: Kinder entdecken ... Die Welt der Tiere, TIME LIFE 1993 **I 56** o. Alfred Limbrunner/Dachau **I 59** o. re./li. Aus: Der Delfin/Agence PHO.N.E./F. Gohier **I 59** u. Das Fotoarchiv/ Christoph & Friends, Essen/Tom Kane **I 62** re. Juniors Bildarchiv, J. und P. Wegner/Ruhpolding **I 62** li. Aus: Das große Jugendbuch. Stuttgart: Das Beste 1997 **I 71** Eulenspiegel, Archiv für Kunst und Geschichte, Berlin **I 74** o. Archiv VWV und Oetinger-Verlag: Porträt Astrid Lindgren **I 76, 77** GEOlino Nr. 4/2004, 3/2004 **I 82** o. Torsten Schenk, Werneuchen **I 85** o. Harald Lange, Naturbild Reinhard, Bad Lausick **I 94** o. FOCUS/Pierre de Vallombreuse/Rapho, Hamburg **I 95** m. dpa/Ursula Düren **I 100** Helga Golz, Zühlsdorf **I 101** Burckhardt/GMD **I 111 f.** Aus: Erich Kästner „Emil und die Detektive"/ illustriert v. Walter Trier **I 118** Illustration Fingerabdrücke. Aus: Das große Jugendbuch. Stuttgart: Das Beste. 1997

Wir danken allen Rechtsinhabern für die Druckerlaubnis. In einigen Fällen war es uns nicht möglich die Rechtsinhaber zu ermitteln. Der Verlag ist hier bereit rechtmäßige Ansprüche abzugelten.